Japanische Mützen stricken

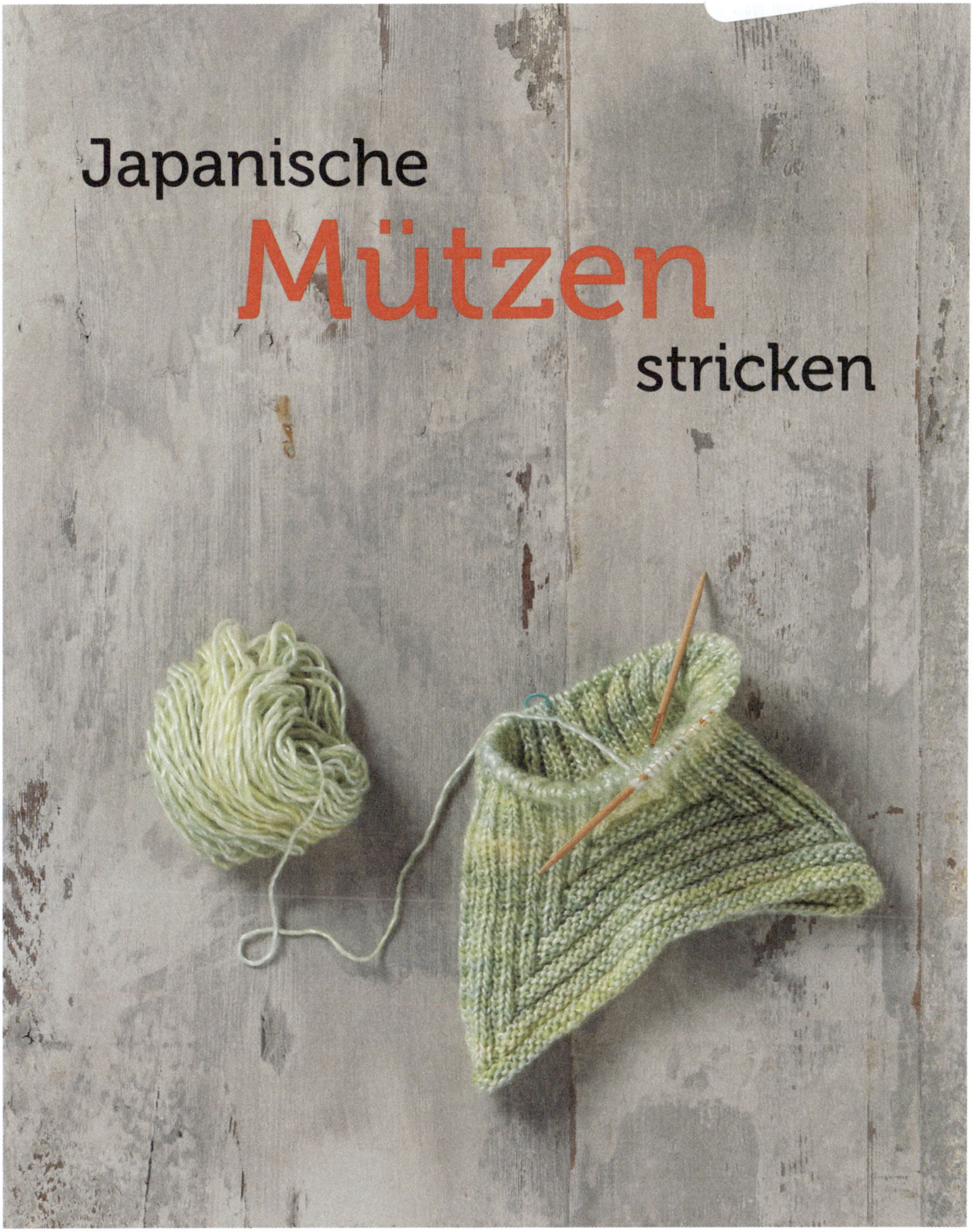

stiebner

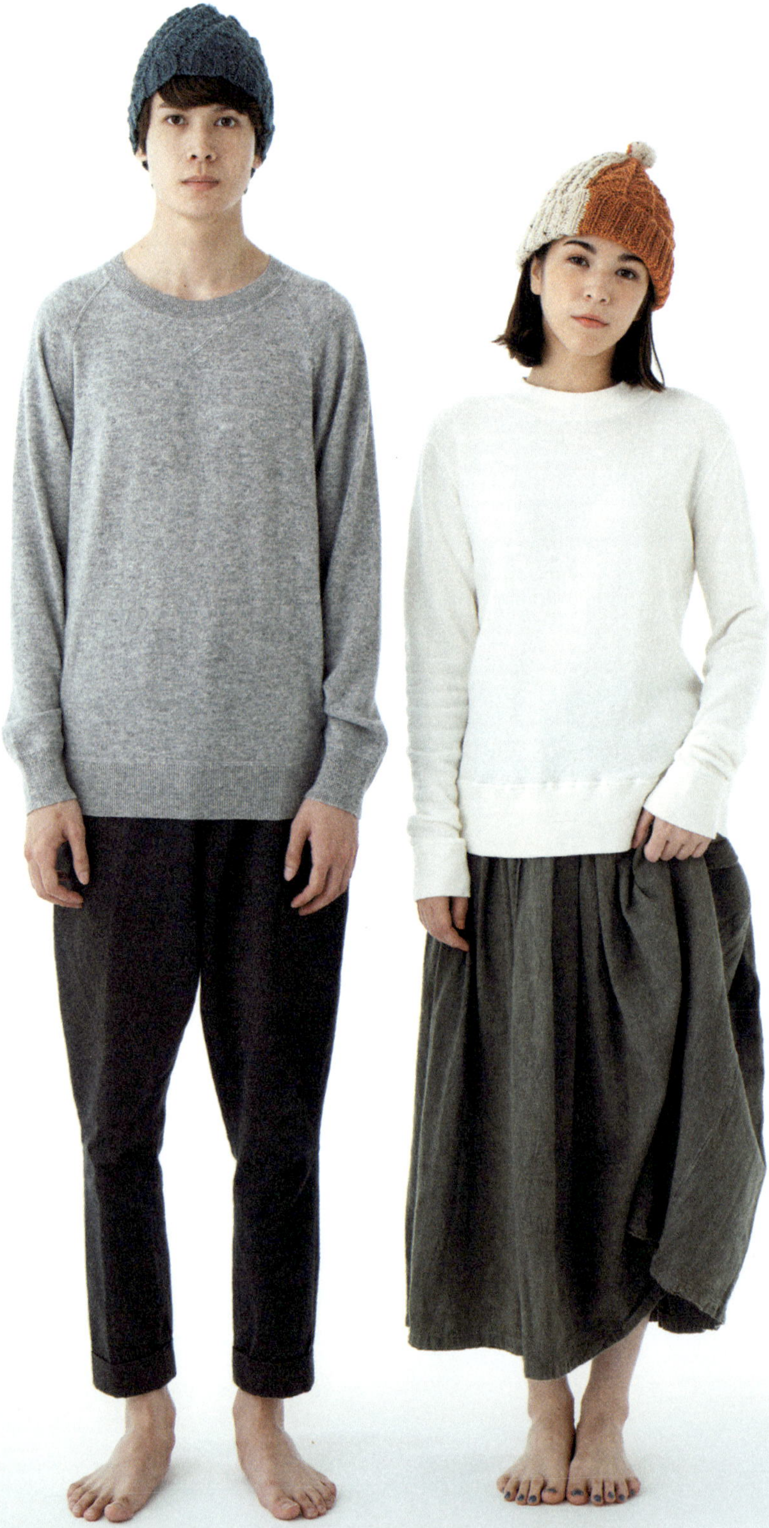

48 Designs von Bernd Kestler

Diese Mützen sind schnell gestrickt und eignen sich daher ideal als kleine Geschenke für Freunde und Familie. Als ich noch in Deutschland lebte, habe ich jedes Jahr für den langen, kalten Winter Mützen gestrickt. Dank der fröhlichen Farben und lustigen Muster waren die dunklen Tage gleich viel weniger trübe! Auch als ich nach Japan zog, strickte ich jedes Jahr neue Mützen. Immer wenn ich Lust habe, etwas Neues auszuprobieren, stricke ich kein Probestück, sondern gleich eine Mütze, weil das ein einfaches, schnell gestricktes kleines Projekt ist. Ich stricke in Runden und nehme für die Rundung zum Schluss Maschen ab. So habe ich hinterher nicht nur eine Maschenprobe, sondern auch gleich eine neue Mütze – zwei Fliegen mit einer Klappe!

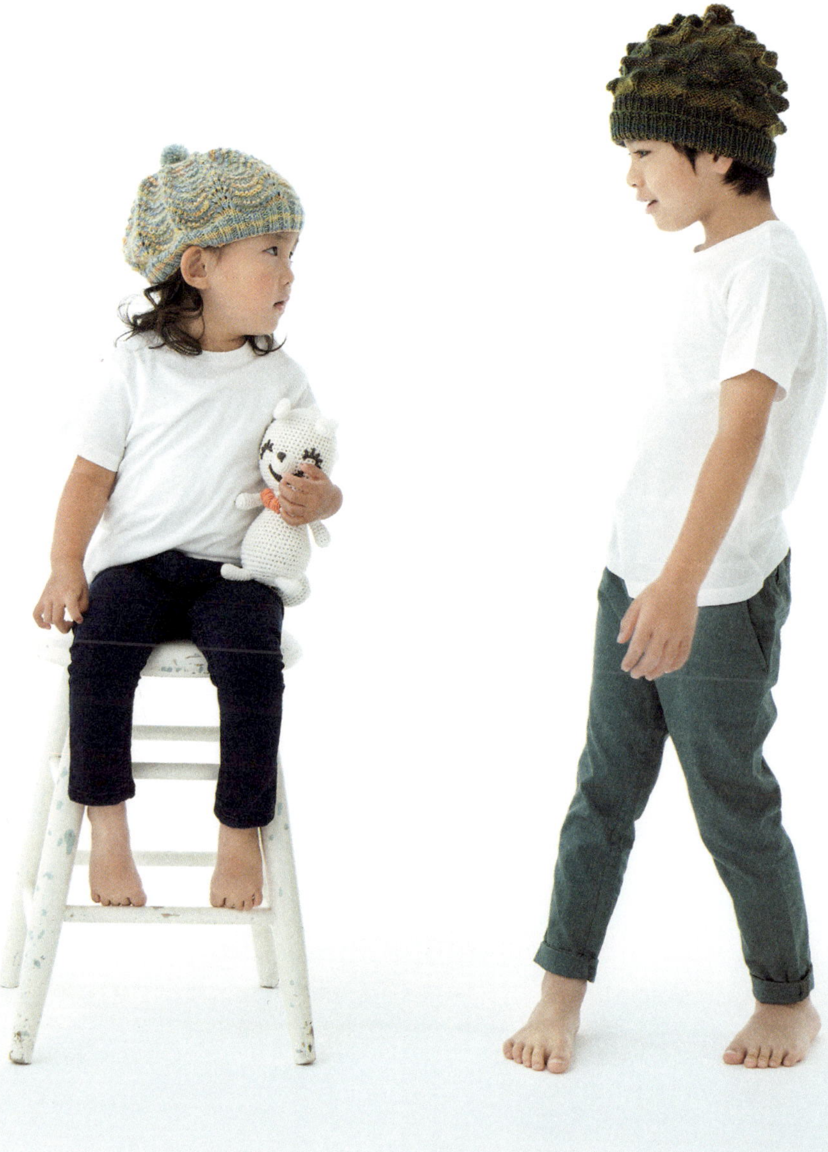

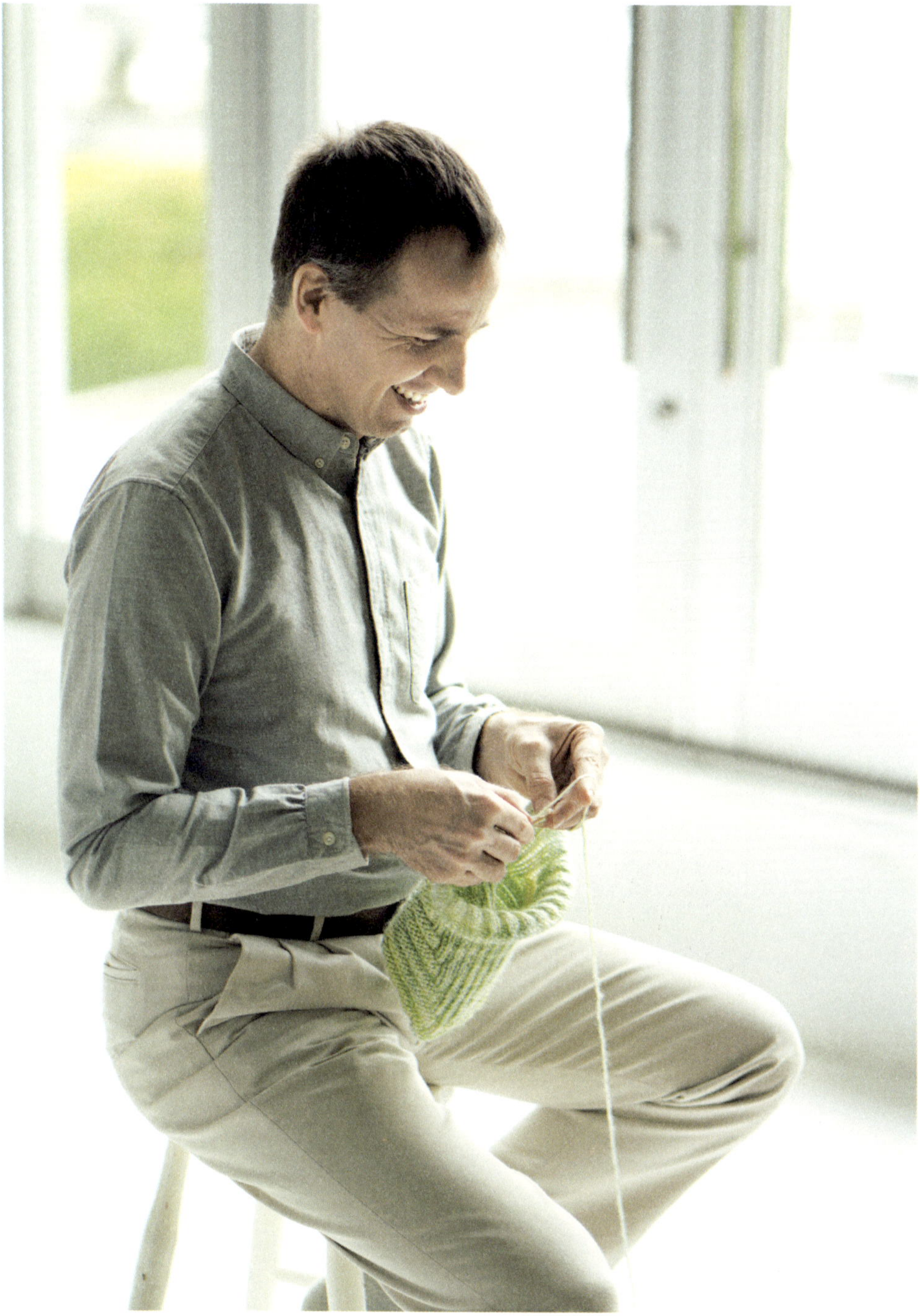

Garn: Yanagigarn Bloom, Fb. 2

Inhalt

Earflaps

Mütze mit Ohrenklappen

Um die Größe einer Mütze zu verändern, kann man zum einen die Maschen- oder Reihenzahl entsprechend anpassen. Es gibt aber noch zwei einfachere Methoden: Man nimmt einfach dickere oder dünnere Wolle oder Stricknadeln, bis man die gewünschte Größe erreicht. Dieses Modell wird sowohl in der Erwachsenen- als auch in der Kindervariante mit identischen Maschen- und Reihenzahlen gestrickt. Auch für die anderen Modelle in diesem Buch gilt: Wenn Sie die Mütze größer oder kleiner stricken wollen, nehmen Sie dickere bzw. dünnere Wolle und/oder Nadeln als angegeben. So brauchen Sie nichts umzurechnen und können trotzdem passgenau arbeiten.

Anleitung auf Seite 55–57.

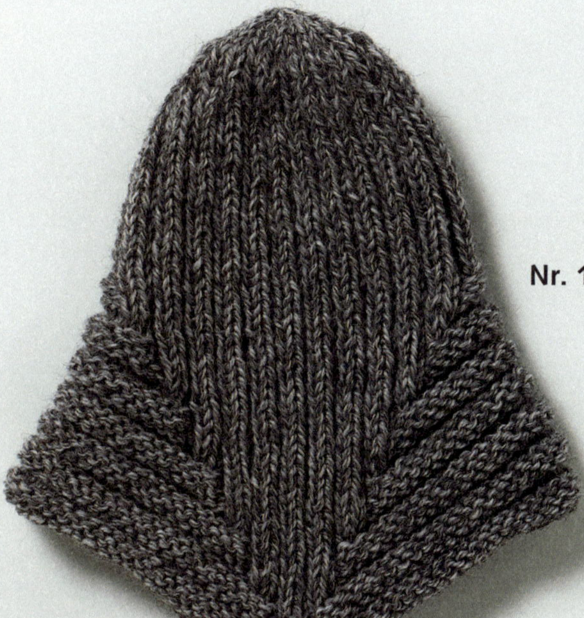

Nr. 1

Erwachsenengröße (locker)

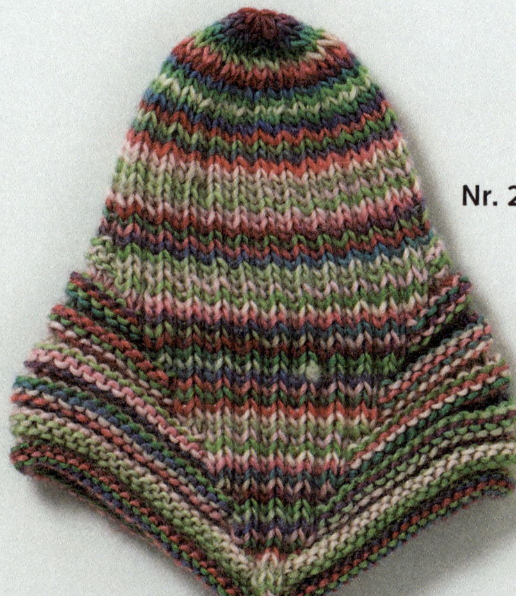

Nr. 2

Erwachsenengröße (eng)

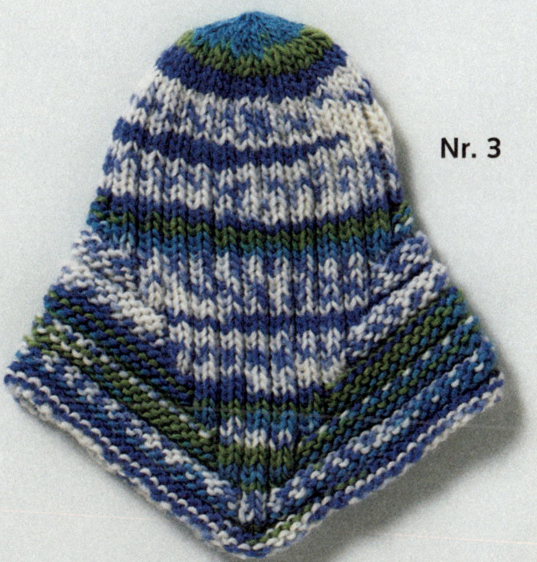

Nr. 3

Kindergröße

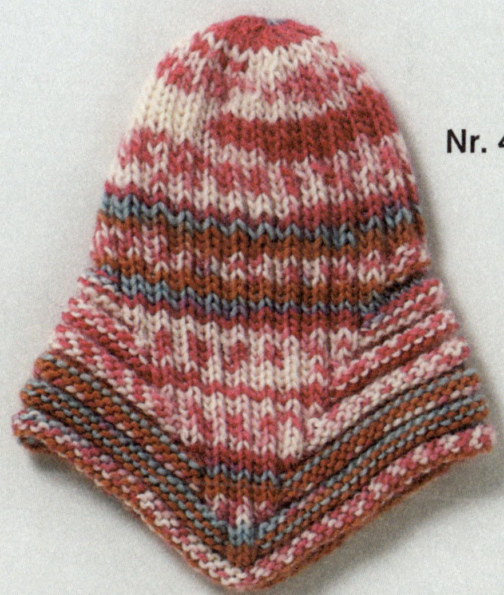

Nr. 4

Kleinkindgröße

Nr. 1 Erwachsenengröße (locker) Wolle: Puppy British Eroika, Nadelstärke 4,5
Nr. 2 Erwachsenengröße (eng) Wolle: Puppy Multico, Nadelstärke 4
Nr. 3 Kindergröße Wolle: Olympus Make Make Tomato, Nadelstärke 4
Nr. 4 Kleinkindgröße Wolle: Olympus Make Make Tomato, Nadelstärke 3,5

Earflaps

Mütze mit Ohrenklappen

Das Muster besteht nur aus rechten und linken Maschen und ist ganz einfach zu stricken. Die Ohrenklappen entstehen dabei von selbst. Besonders praktisch für Outdoor-Aktivitäten wie Fahrrad- oder Skifahren. Wer mag, kann noch eine Bommel anbringen.

Anleitung auf Selte 55–57.

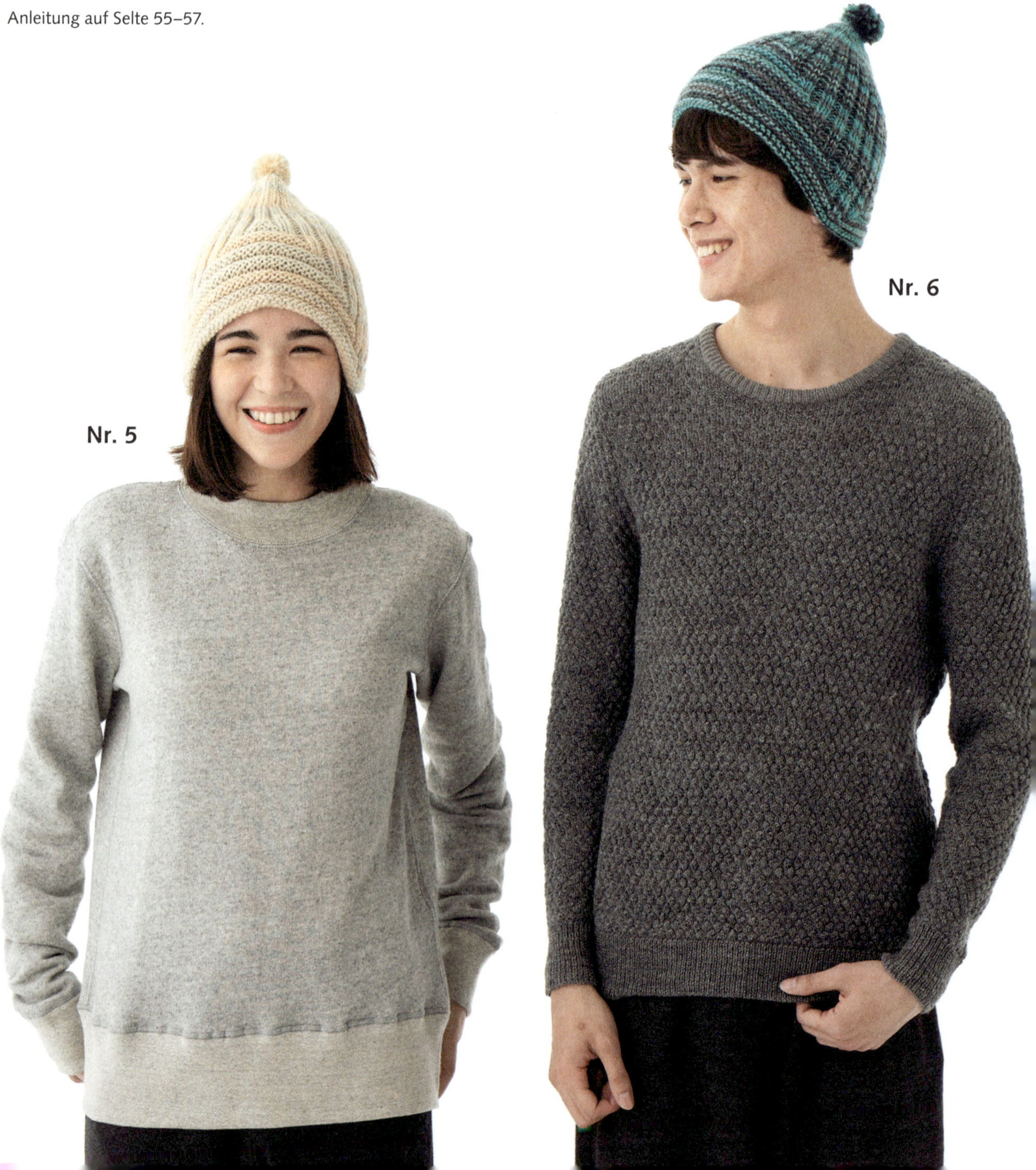

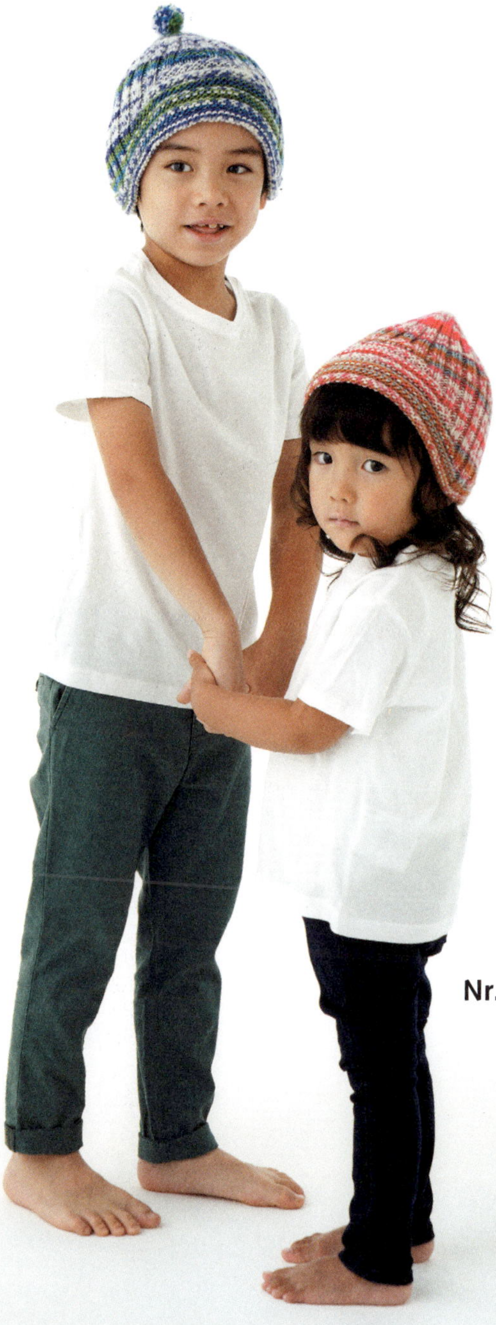

Nr. 3

Nr. 4

Spiral Bofura

Schalmütze im Spiralmuster

Diese Kindermütze ist gleichzeitig ein Schal! Diese Variante wird im Spiralmuster aus meinem ersten Buch „Spiralsocken“ gestrickt. Da das Muster nur aus rechten und linken Maschen besteht, kommt ein Regenbogengarn hier besonders schön zur Geltung.

Anleitung auf Seite 58.

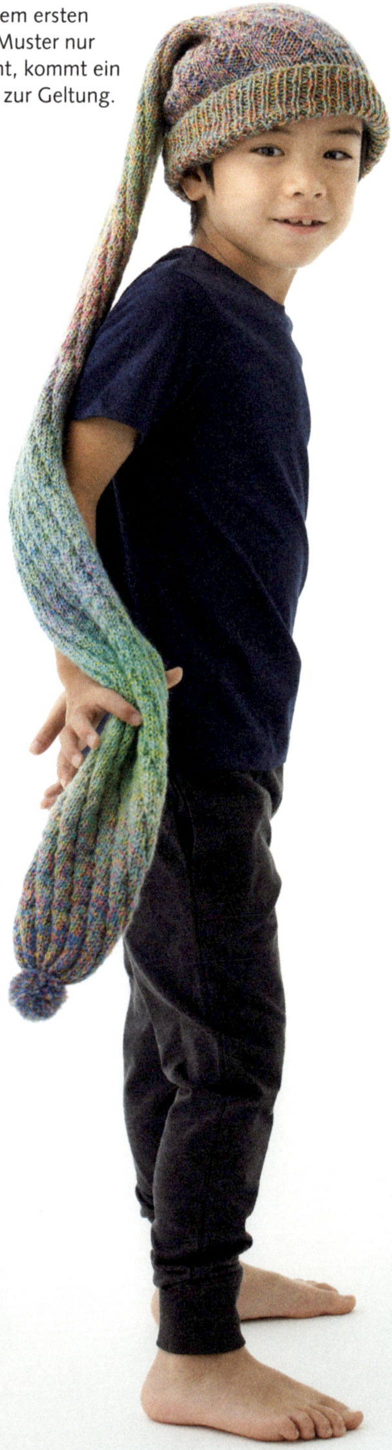

Nr. 7

Earflaps Bofura

Schalmütze mit Ohrenklappen

Hier wird die Mütze mit Ohrenklappen einfach nach oben verlängert.

Anleitung auf Seite 55–57.

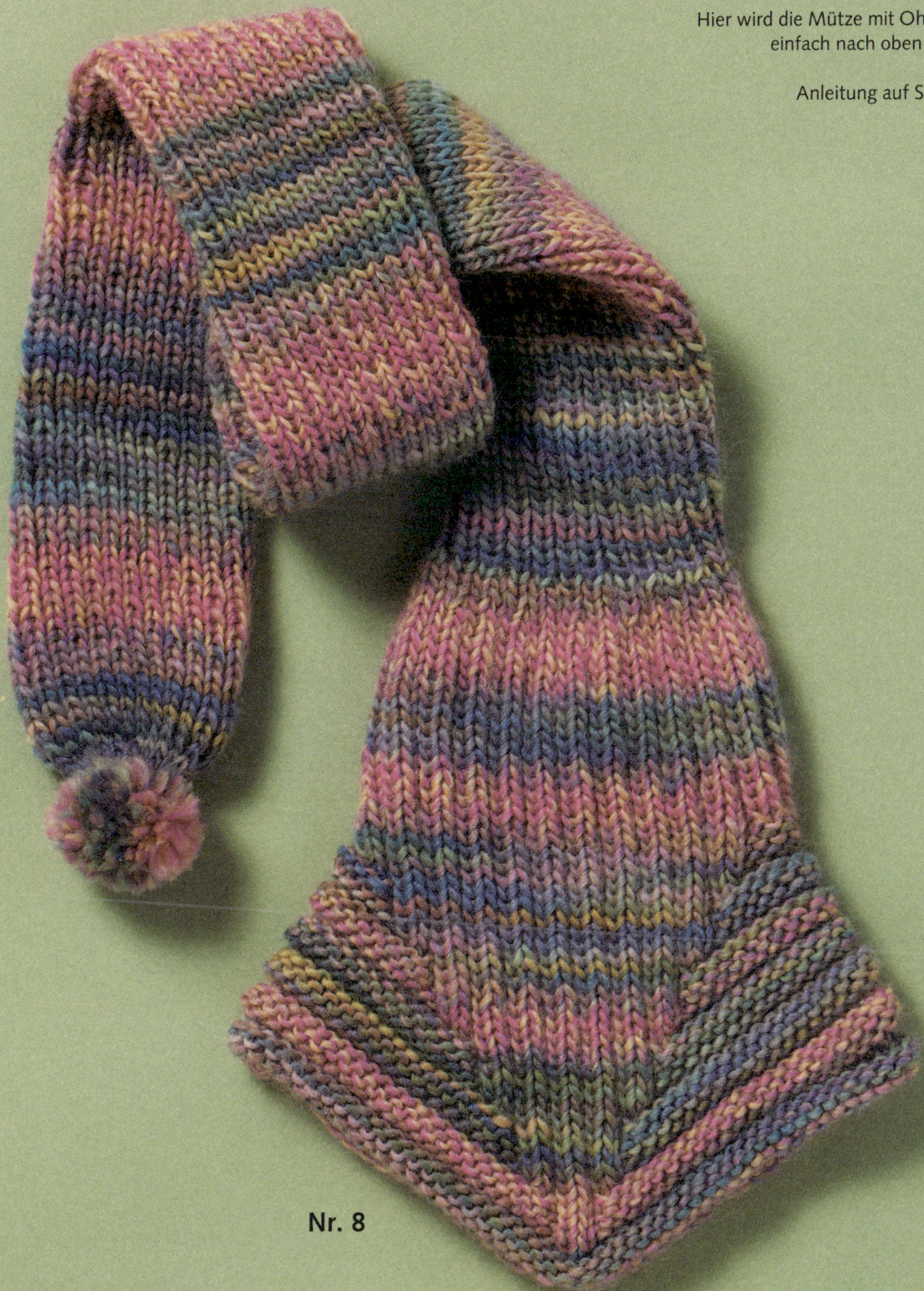

Nr. 8

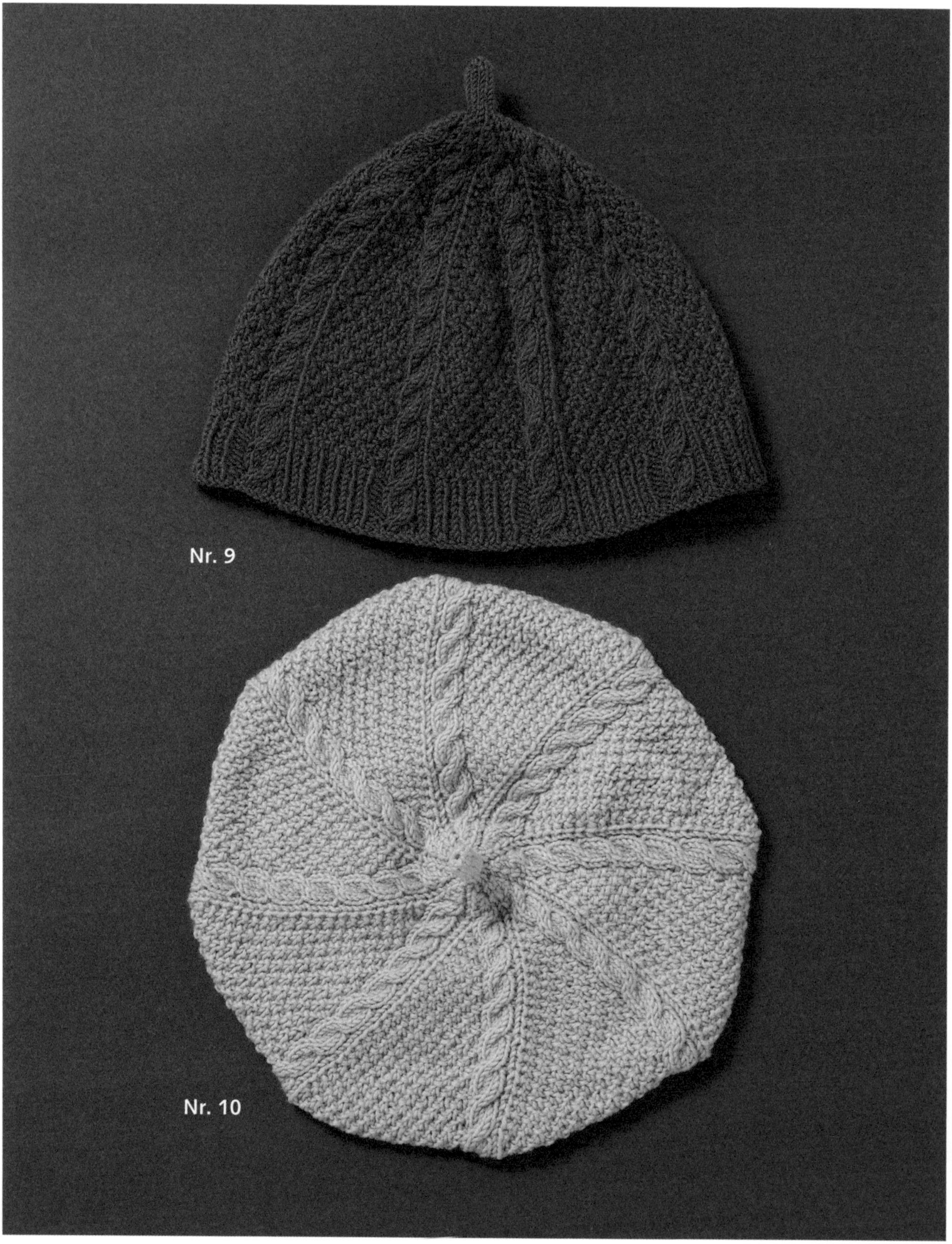

Nr. 9

Nr. 10

Cable

Mütze und Baskenmütze mit Zopfmuster

Diese Modelle werden von oben nach unten gestrickt. Das hat den Vorteil, dass Sie genau bis zur gewünschten Länge stricken können – so sitzt die Mütze wie angegossen! In meinem Buch „Japanische Handschuhe stricken“ finden Sie Fäustlinge im gleichen Muster, die gut zu beiden Modellen passen.

Anleitungen auf S. 60 (Mütze) und S. 61 (Baskenmütze).

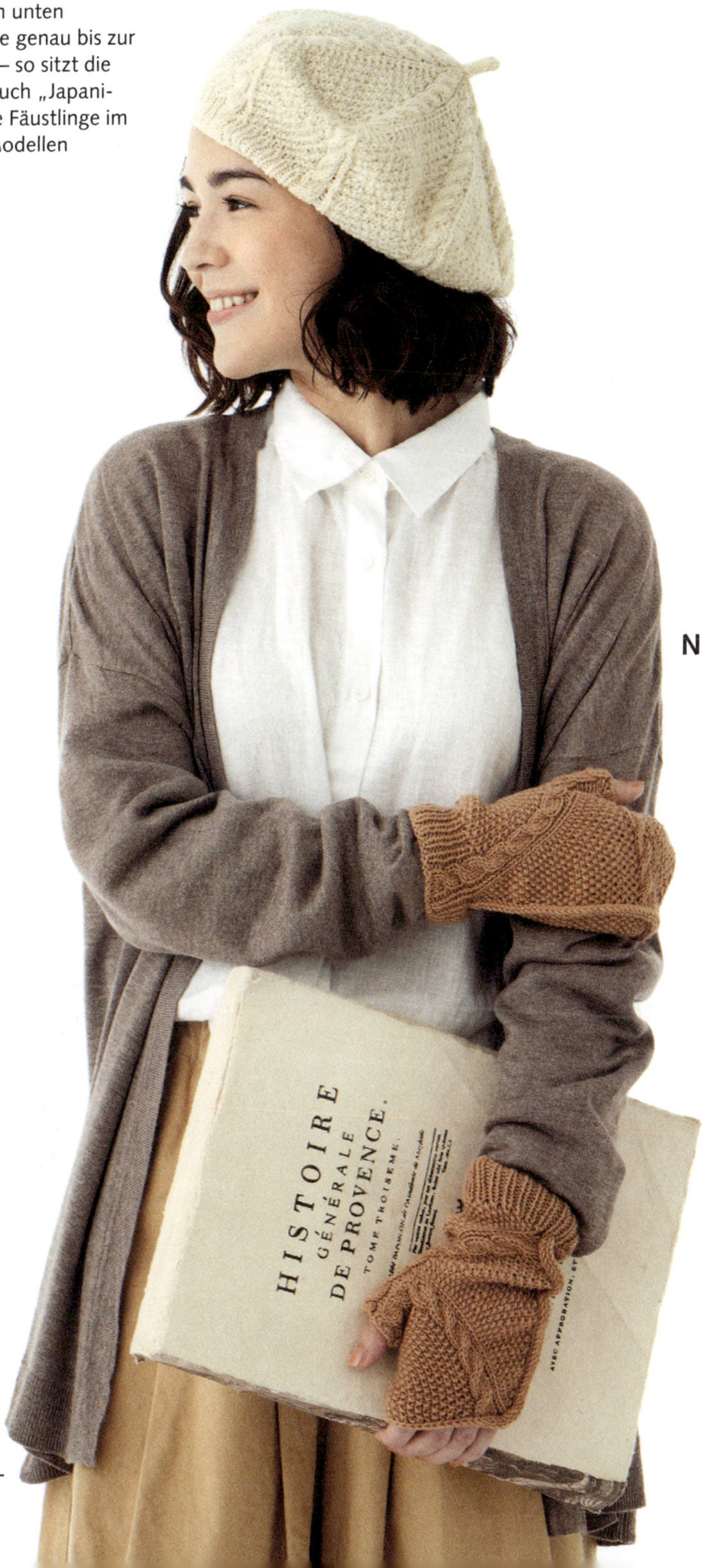

Nr. 11

Fäustlinge mit Zopfmuster: siehe „Japanische Handschuhe stricken“ S. 41, Nr. 44.

Galaxy Hat

Mütze mit Wirbelmuster

Bei diesem Modell habe ich mich von der deutschen Kunststrickerei inspirieren lassen. Das Wirbelmuster entsteht durch Umschläge und zusammengestrickte Maschen.

Anleitung auf Seite 59.

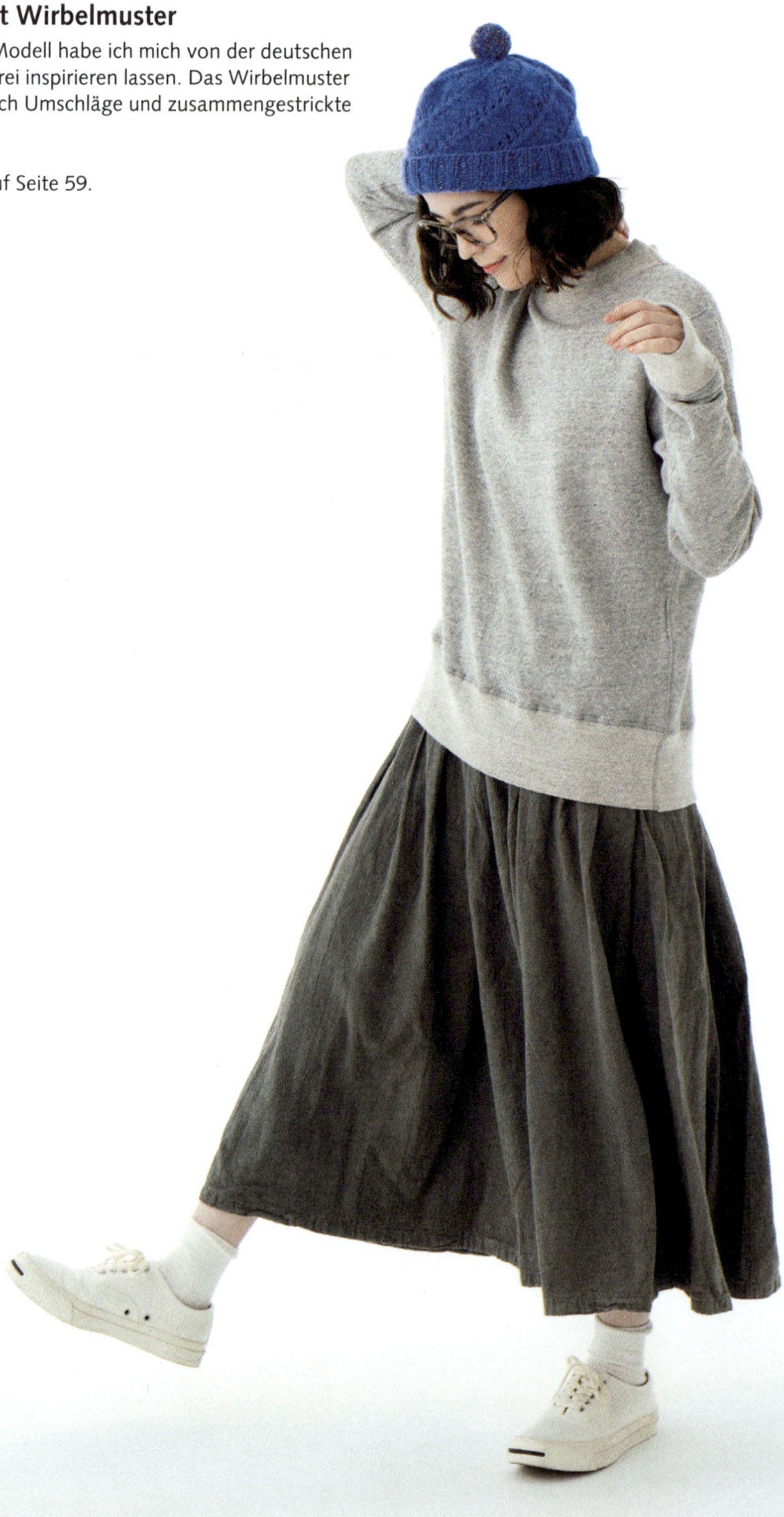

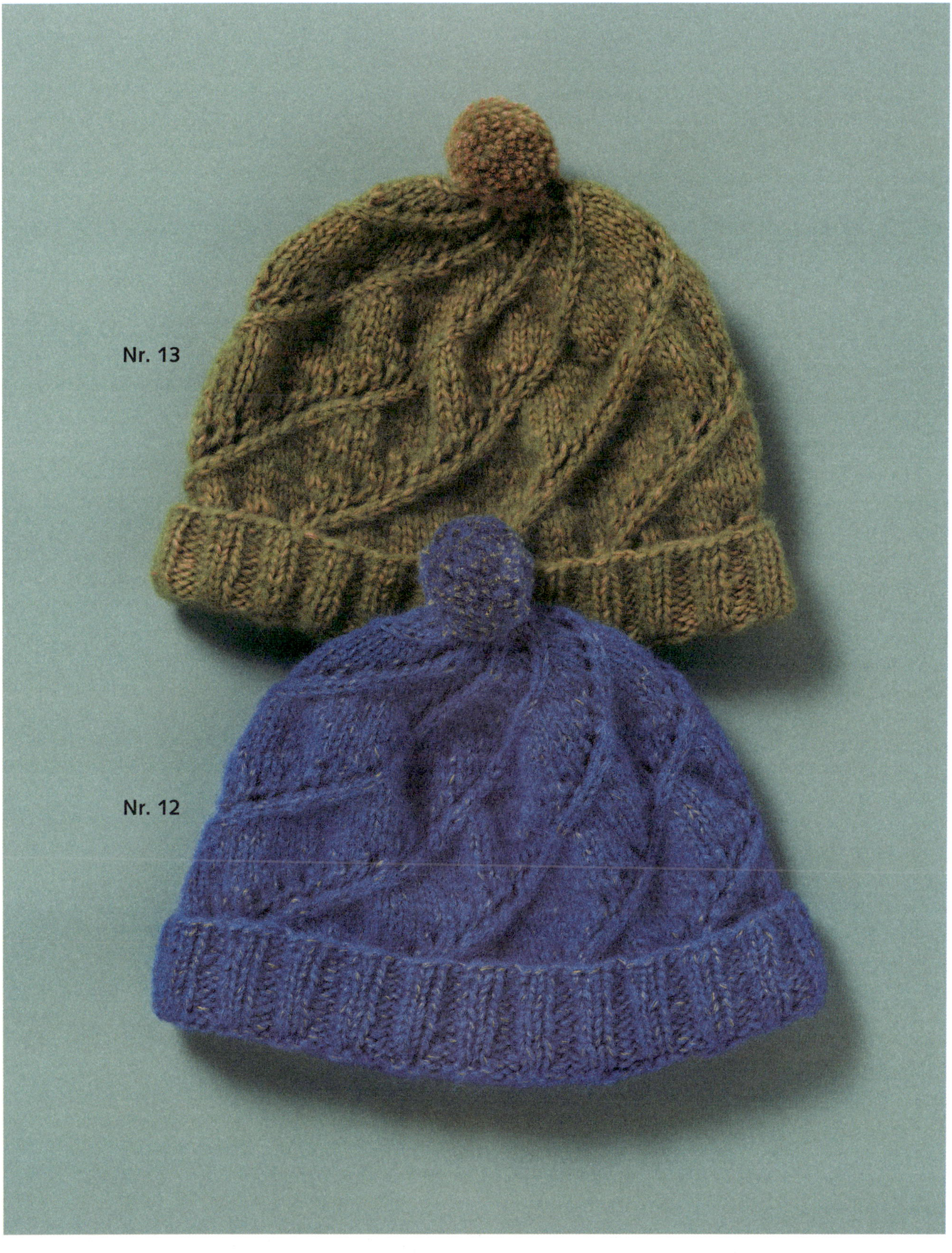
Nr. 13
Nr. 12

Galaxy Beret & Snood

Baskenmütze und Snood mit Wirbelmuster

Damit die wirbelnden Linien gut zu sehen sind, sollten diese Modelle am besten einfarbig oder in einem Regenbogengarn mit langen Farbverläufen gearbeitet werden. Mit dem Snood wird ein modisches Strickset daraus.

Anleitung auf Seite 63 (Baskenmütze) und Seite 64/65 (Snood).

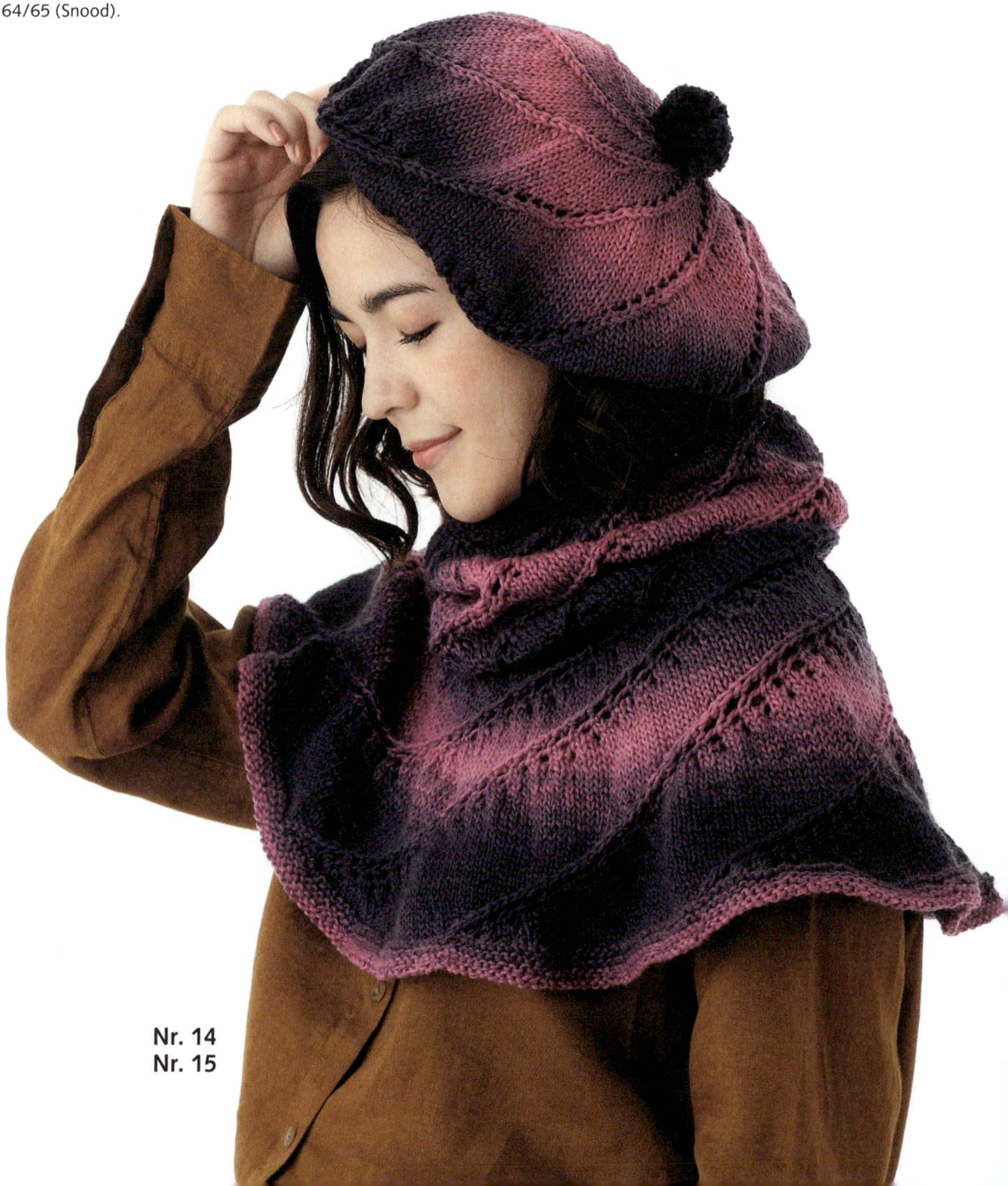

Nr. 14
Nr. 15

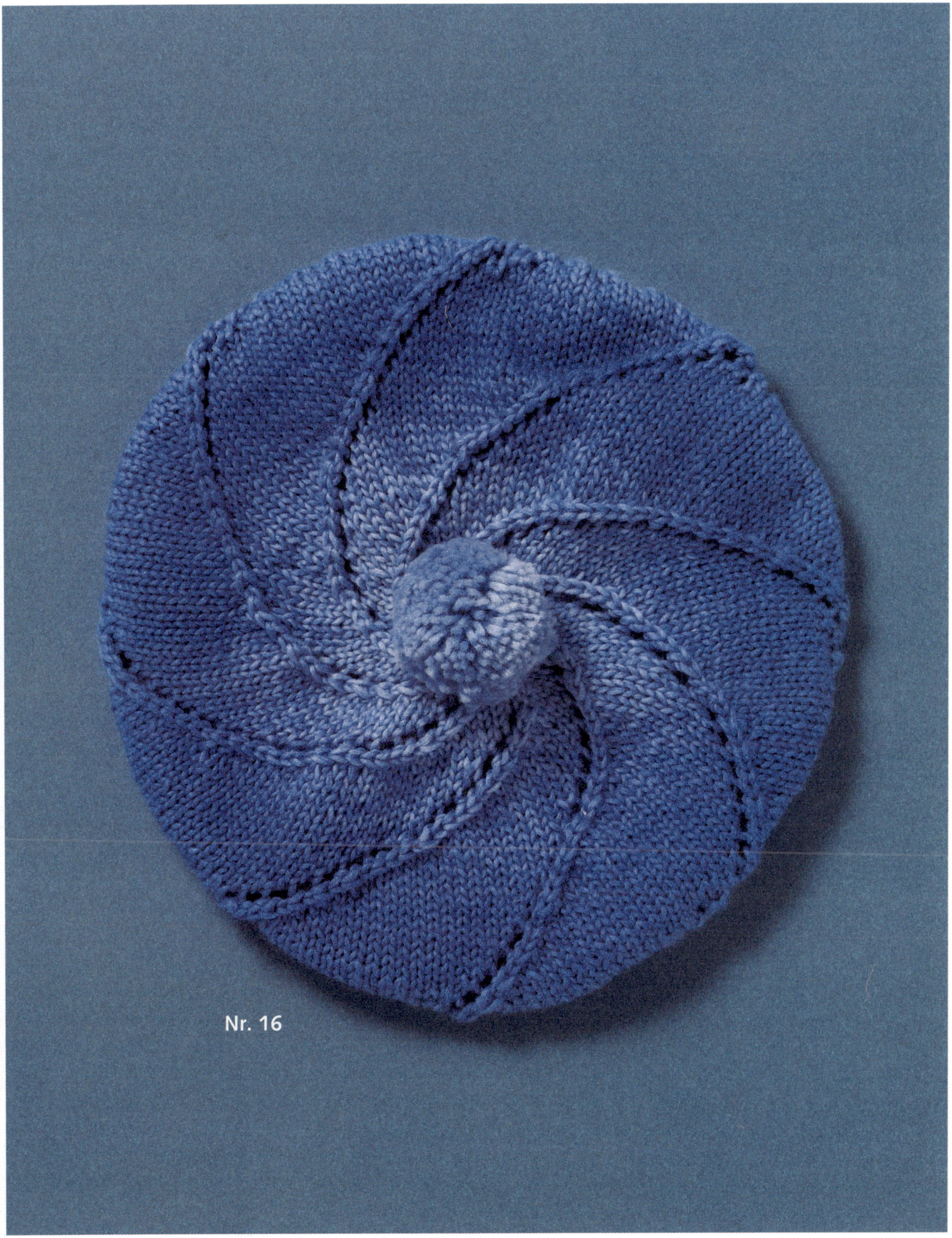

Nr. 16

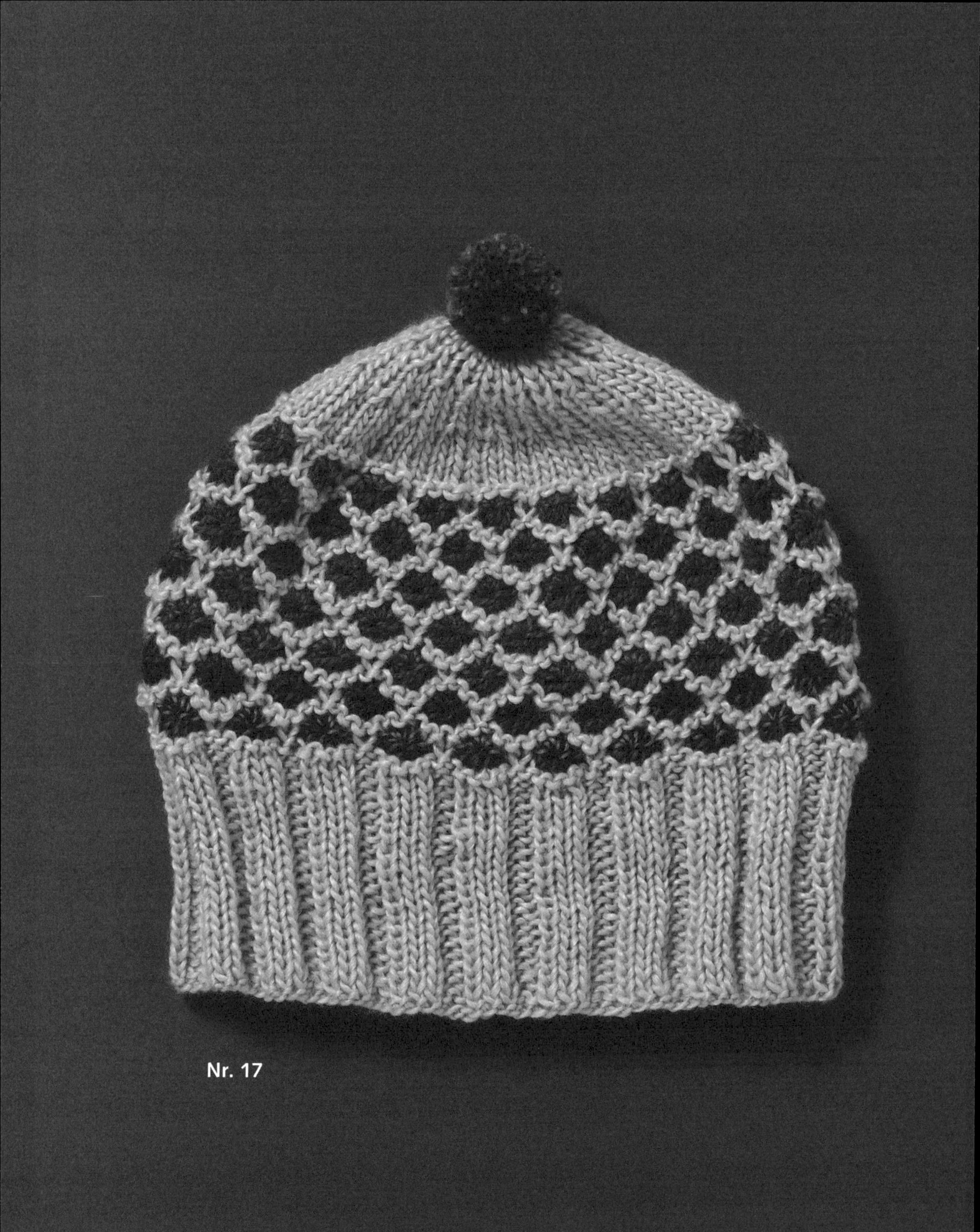

Nr. 17

Aster Stitch

Mütze mit Sternenmuster

Diese Mütze sitzt locker und bequem, hat aber durch den Rand im Rippenmuster trotzdem eine gute Passform. In diesen Farben können auch Männer ihr nicht widerstehen!

Anleitung auf Seite 66–68.

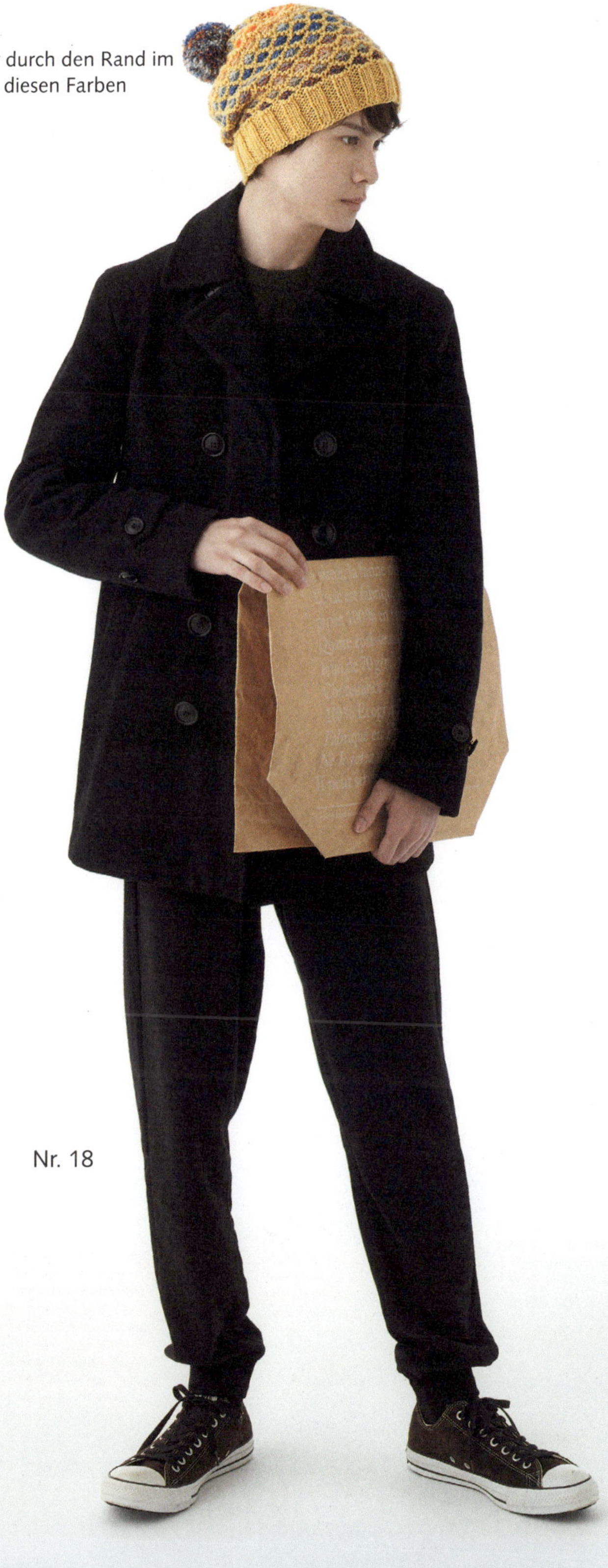

Nr. 18

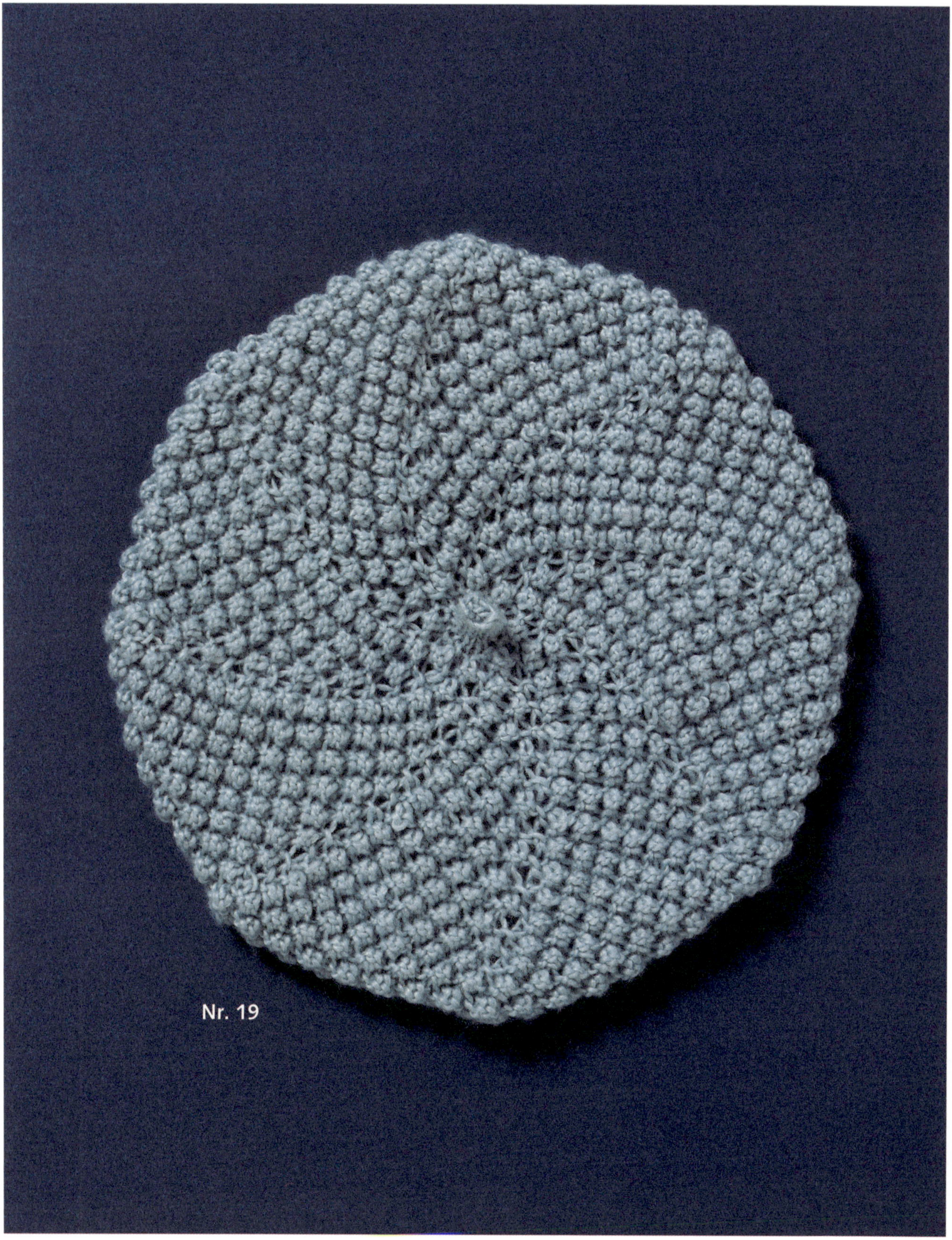

Nr. 19

Trinity Beret

Baskenmütze mit Noppenmuster

Diese Mütze wird von oben nach unten gestrickt, wie ich es besonders mag: Wenn sie genau passt, ketten Sie die Maschen einfach ab. Das Noppenmuster kennen Sie vielleicht schon aus meinem Buch „Japanische Handschuhe stricken“. Auch diese Baskenmütze sieht in dem Muster richtig toll aus.

Anleitung auf Seite 83/84.

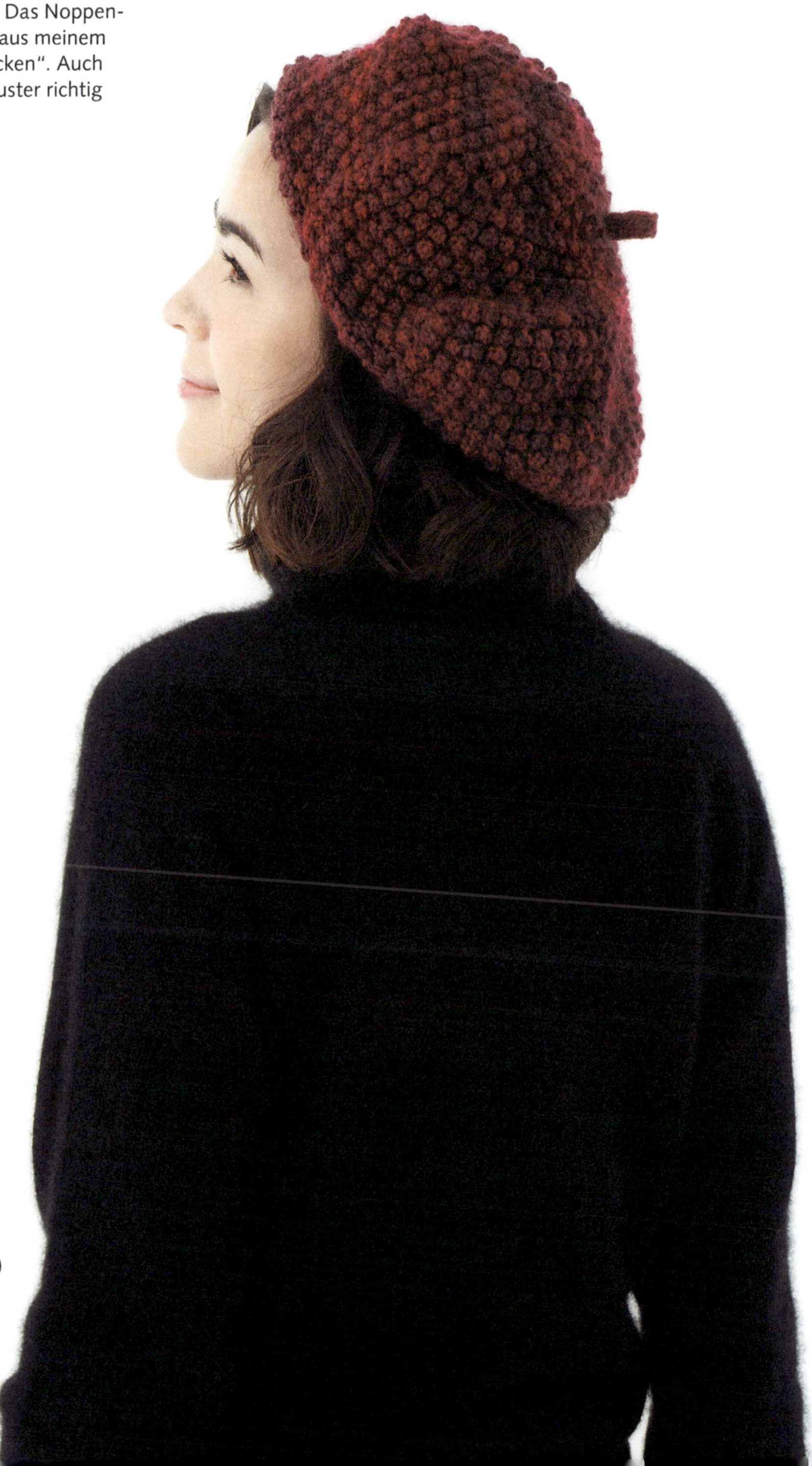

Nr. 20

Trinity Hat

Mütze mit Noppenmuster

Diese Mütze wird in einer Erwachsenengröße gestrickt, aber dank des sehr elastischen Musters passt sie oft auch Kindern. Nr. 22 ist eine Kindermütze, bei der weniger Reihen gestrickt werden. Der Knoten im länger gestrickten „Stiel“ sorgt hier für den besonderen Clou.

Anleitung auf Seite 85.

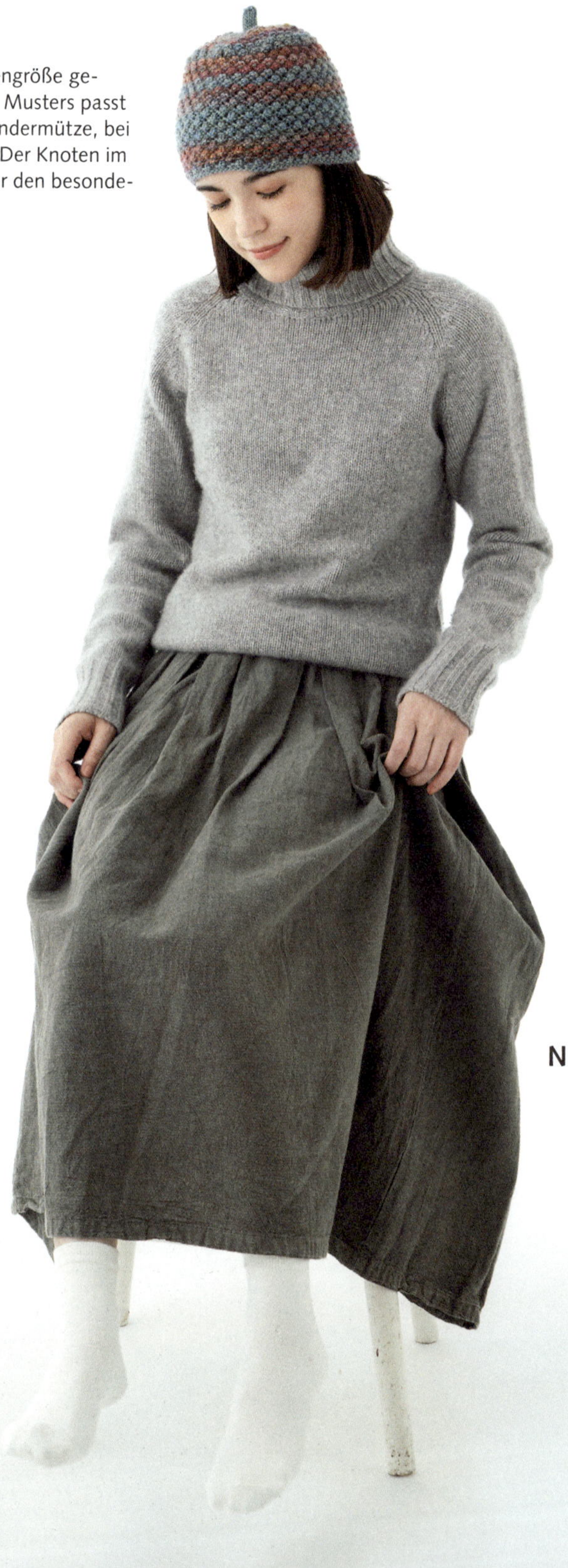

Nr. 21

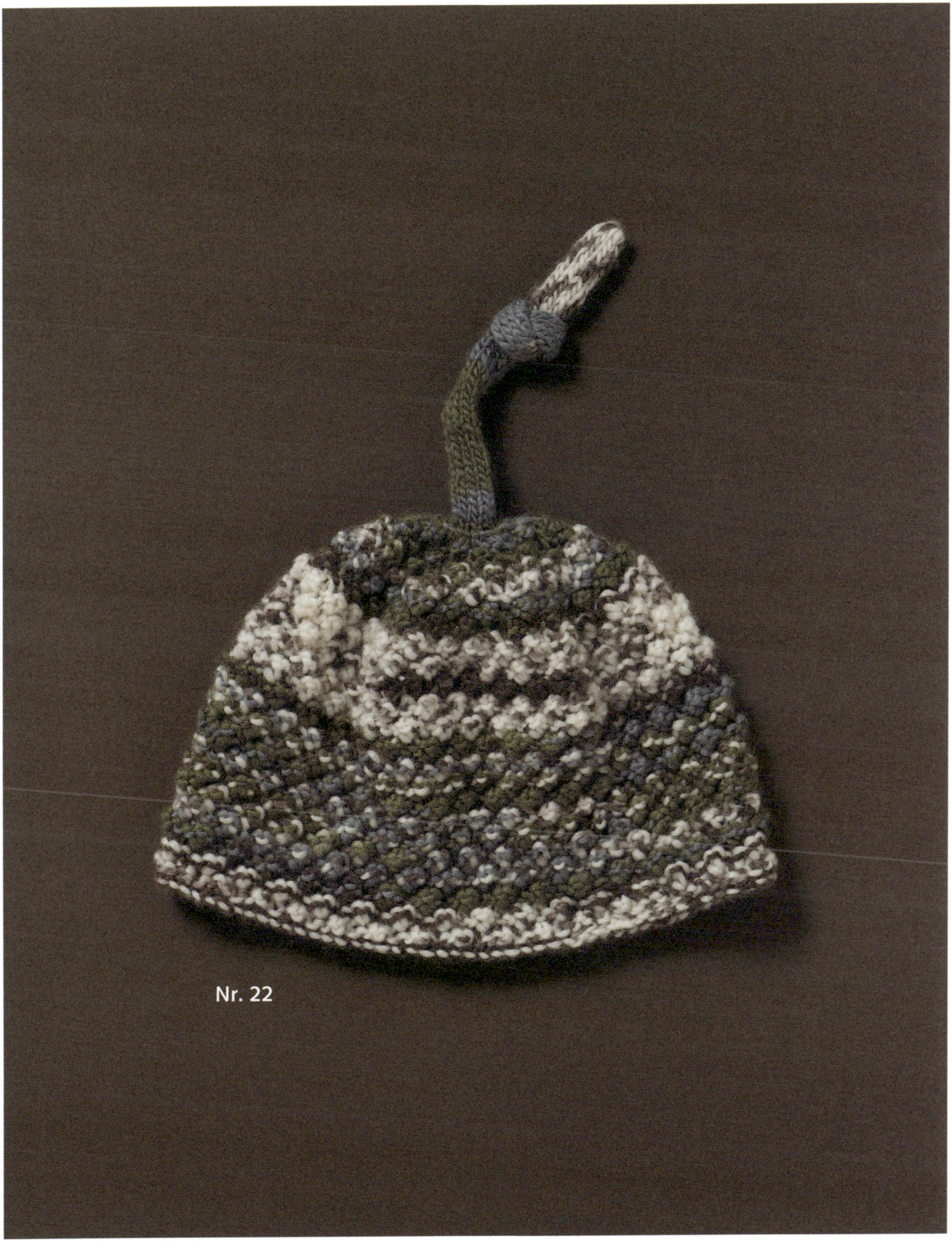

Nr. 22

Honey comb

Mütze mit Wabenmuster

Dieses klassische Muster steht einfach jedem! Die Mütze ist daher das ideale Geschenk für Familie oder Freunde. Die plastischen Waben halten besonders schön warm.

Anleitung auf Seite 62.

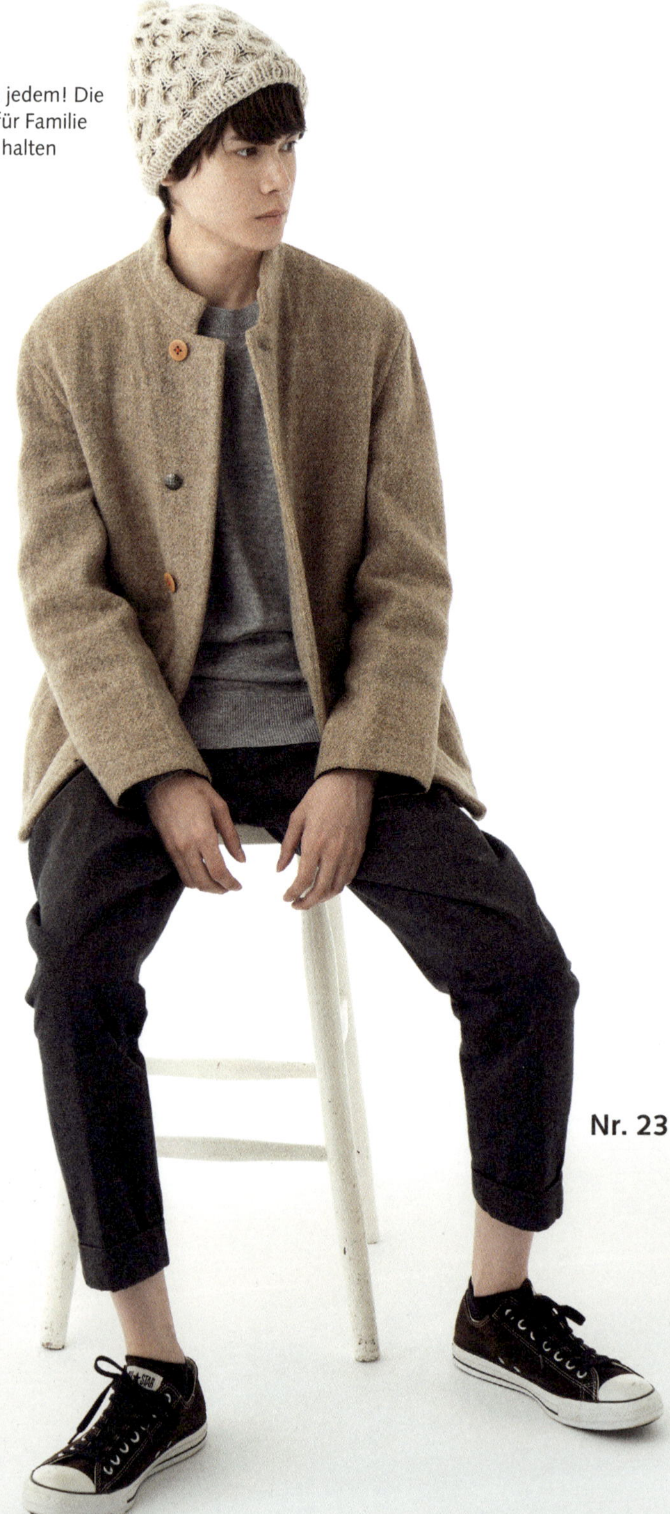

Nr. 23

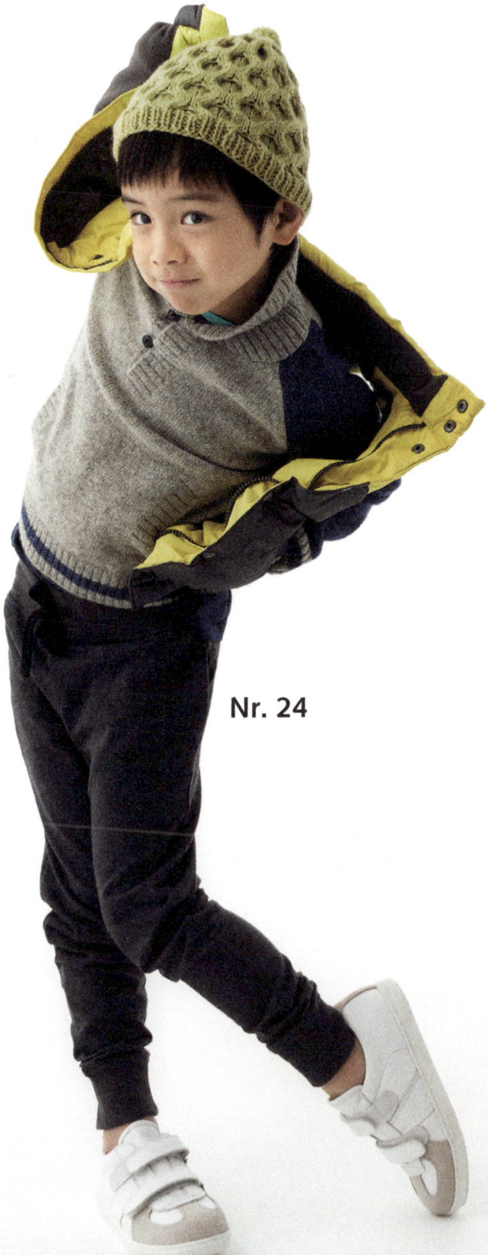

Nr. 24

Half & Half

Zweifarbige Mütze

Bei dieser Mütze können Sie Lieblingsmuster und -farbe ganz nach Lust und Laune nach vorn, hinten oder zu Ihrer Lieblingsseite drehen. Da kommt garantiert keine Langeweile auf! Natürlich können Sie sie auch durchgehend in einem der beiden Muster stricken.

Anleitung auf Seite 78–80.

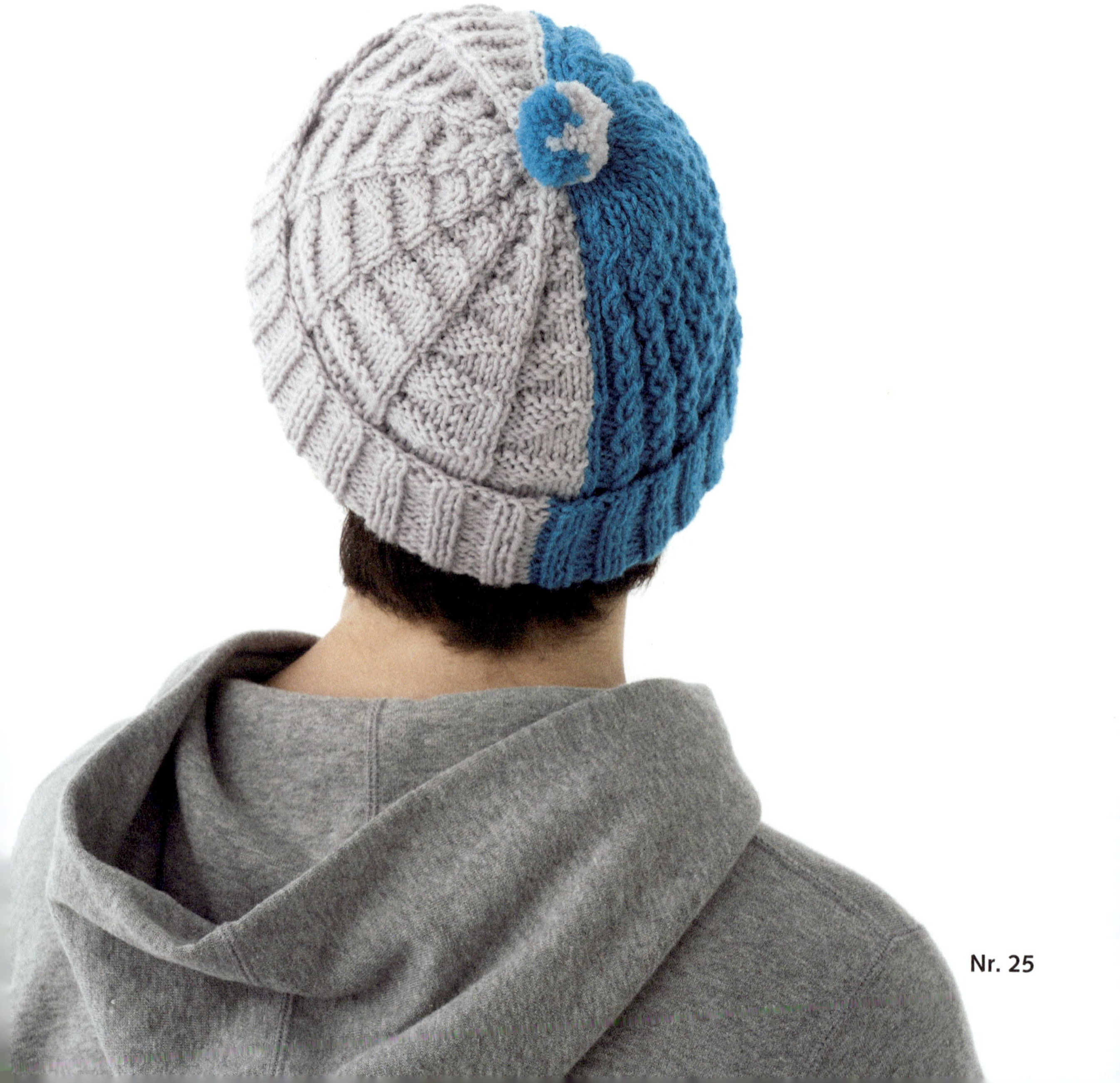

Nr. 25

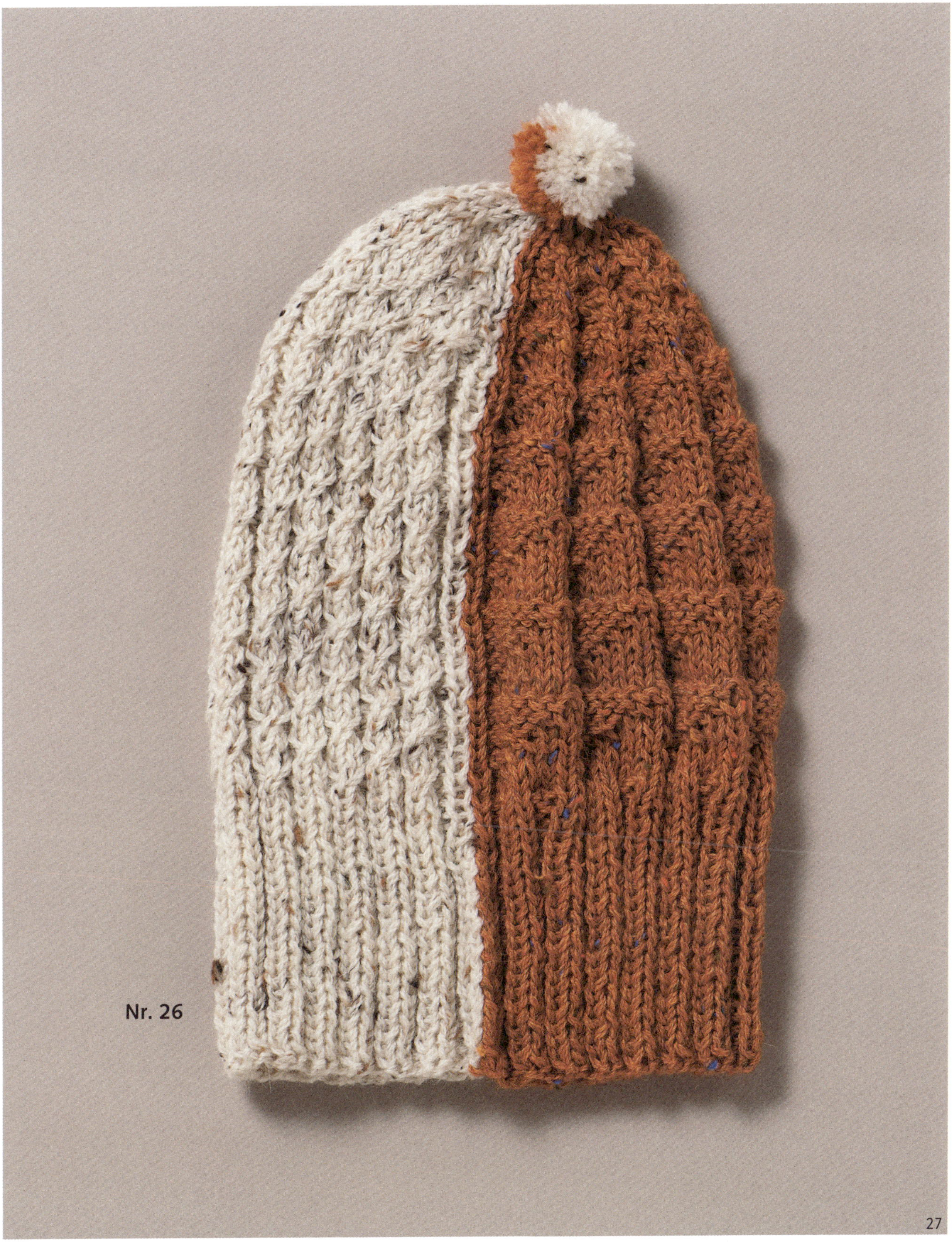

Nr. 26

Flying Swallow

Mütze und Snood mit Schwalbenmuster

In einfarbigem Garn plus Regenbogengarn wirkt dieses Muster besonders hübsch. Üben Sie es am besten erst am Snood, bevor Sie sich an die Mütze wagen. Durch die etwas dickere Wolle tritt das Muster bei Nr. 29 besonders deutlich hervor.

Anleitung auf Seite 70/71 (Snood)
und Seite 72 (Mütze).

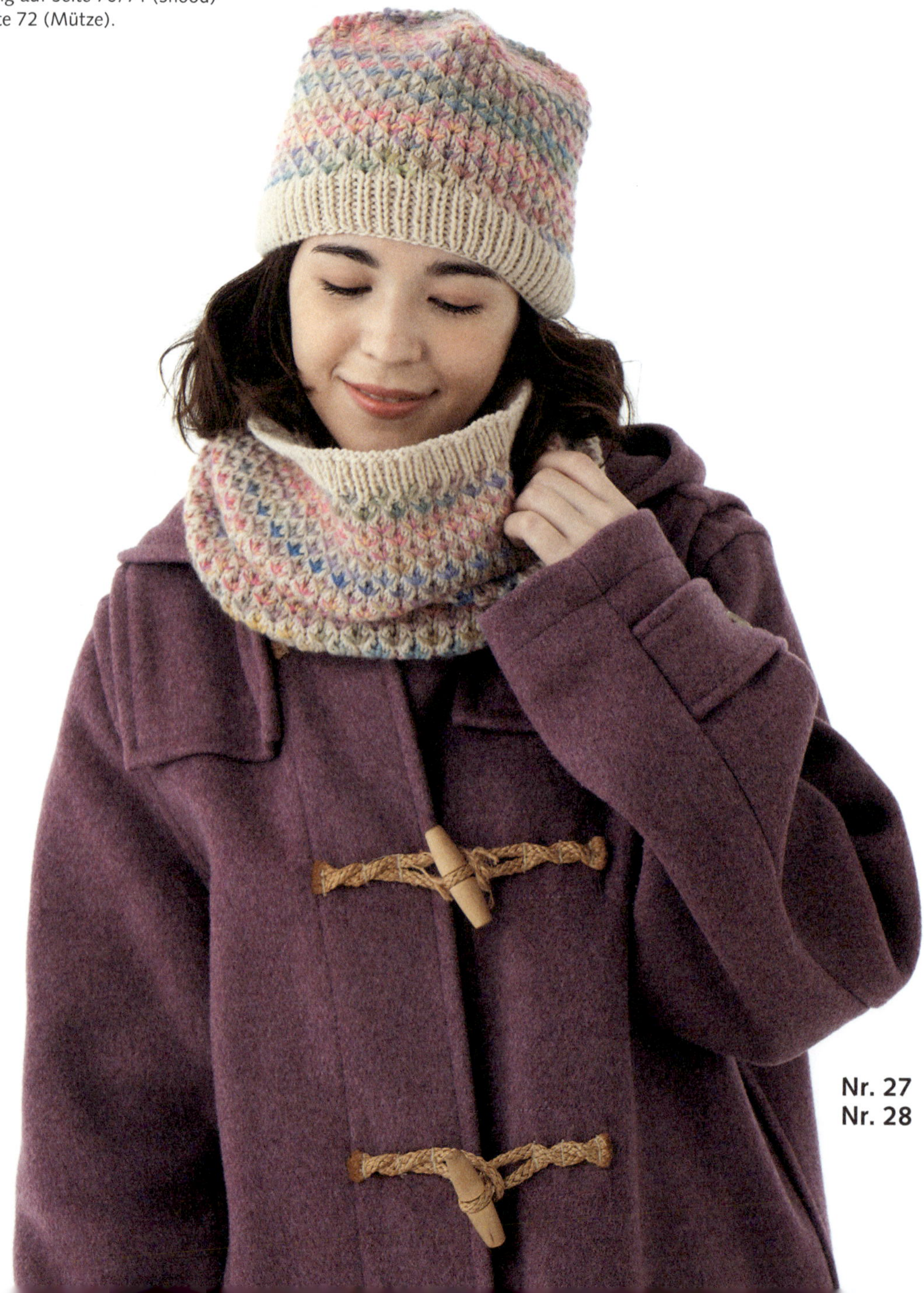

Nr. 27
Nr. 28

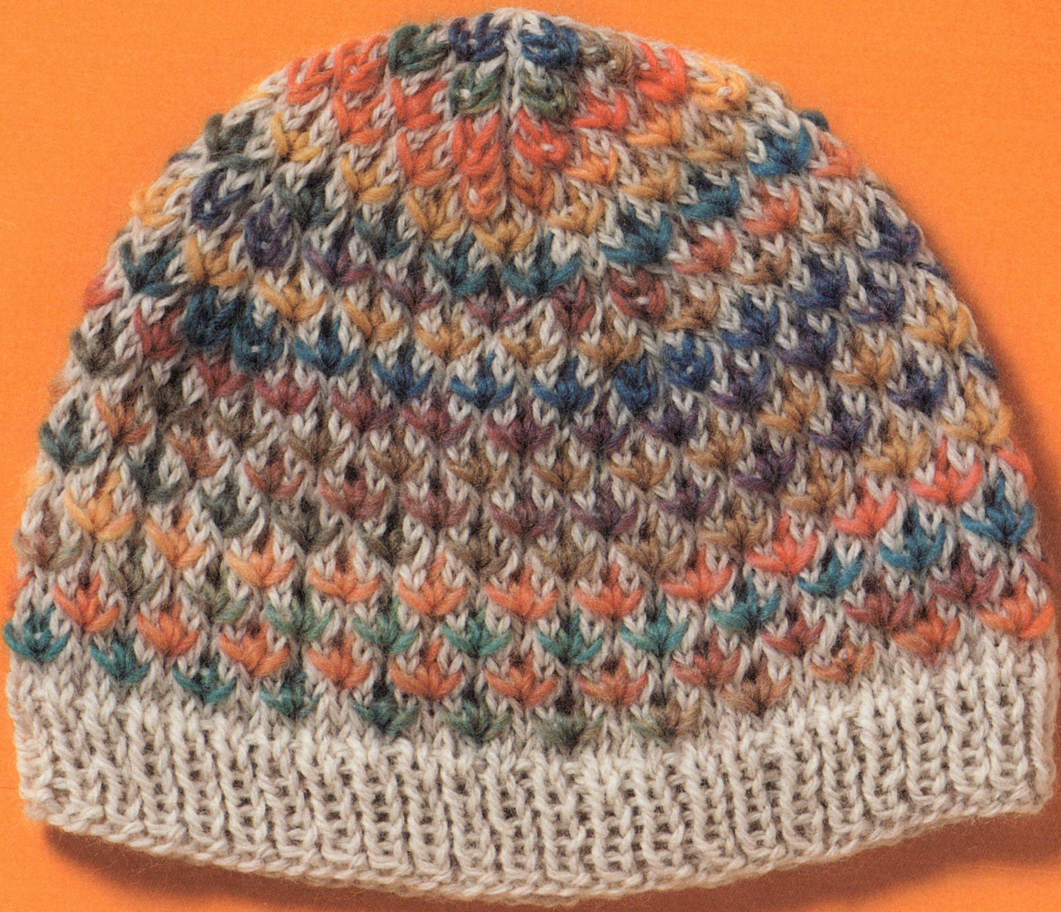

Nr. 29

Brioche

Bequeme Mütze im zweifarbigen Patentmuster

Das einfarbige Patentmuster von Nr. 30 wird in Nr. 31 und 32 durch zwei Farben auf interessante Weise variiert. Da das letzte Stück ohne Maschenzunahmen gerade gestrickt wird, ähnelt die Form einer Baskenmütze.

Anleitung auf Seite 74/75.

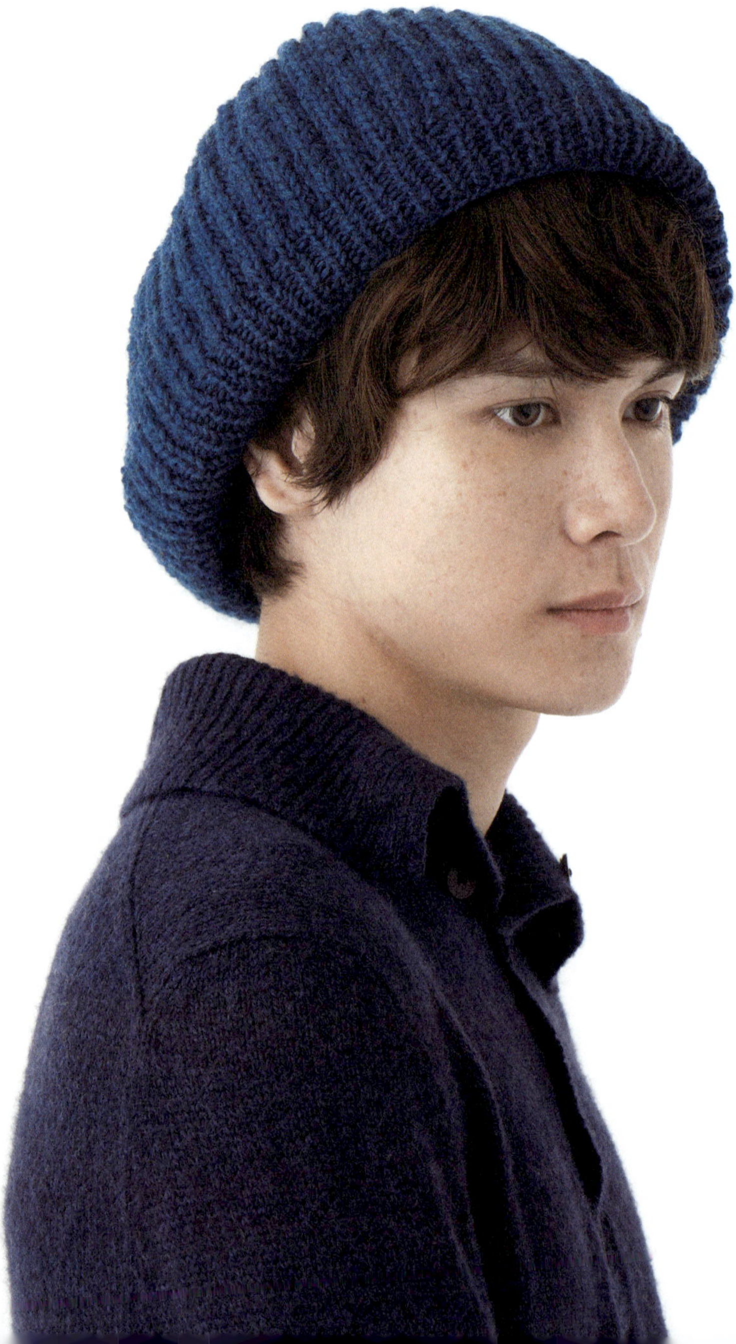

Nr. 30

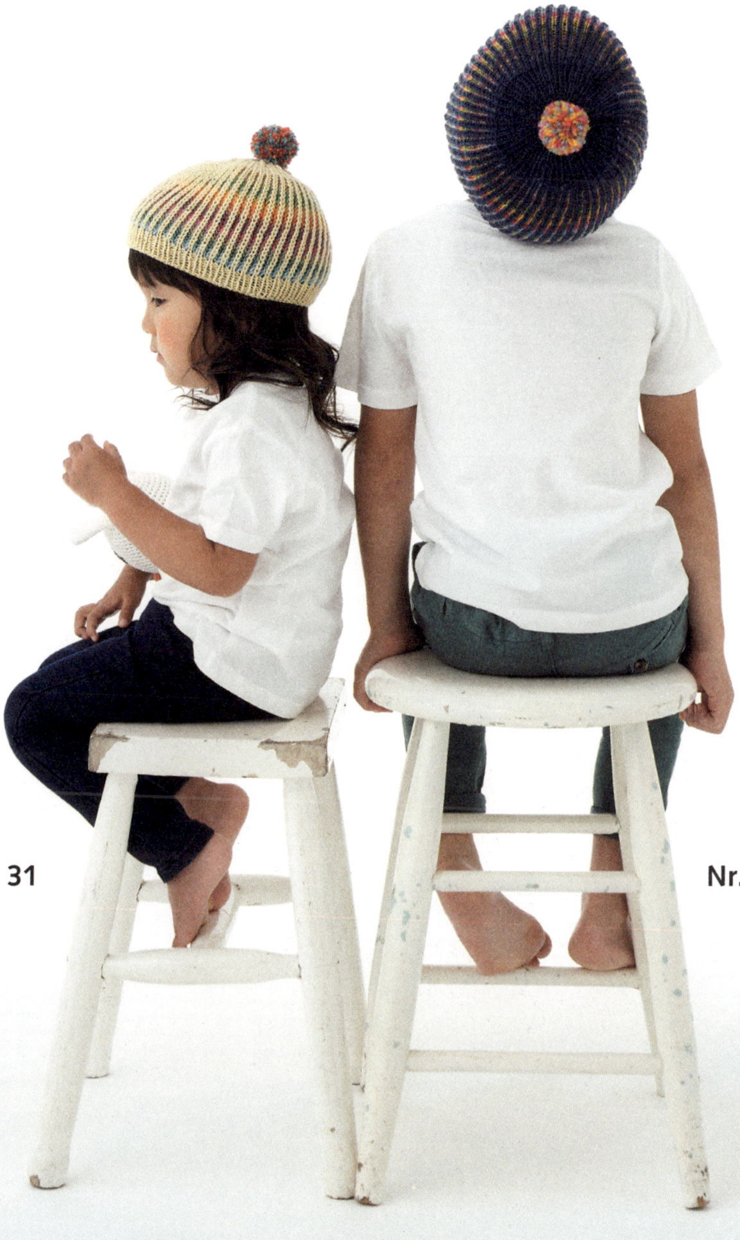

Nr. 31

Nr. 32

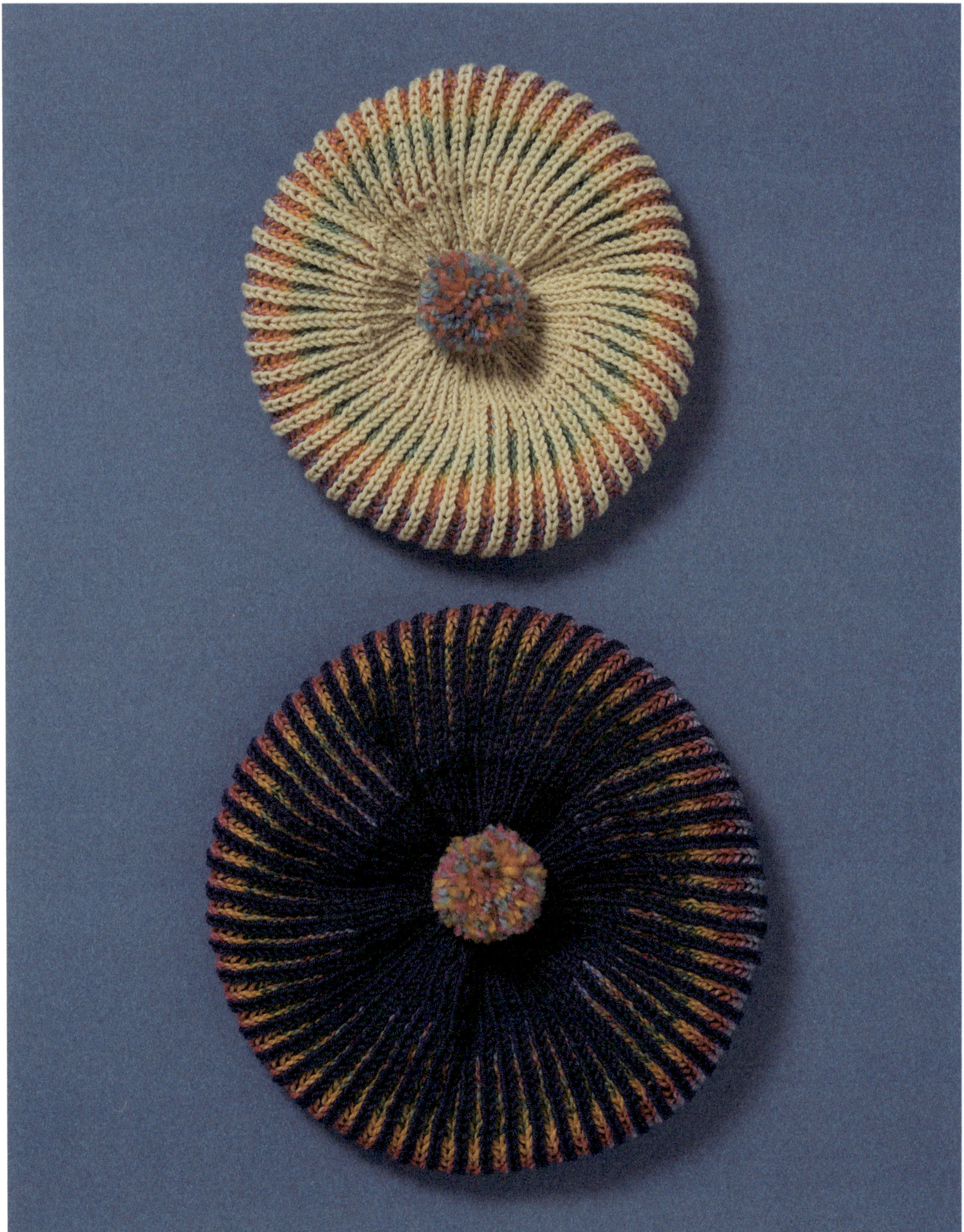

Brioche

Bequeme Mütze im zweifarbigen Patentmuster

Strickt man die Mütze mit einem einfarbigen und einem Regenbogengarn, erhält man zwei unterschiedliche Seiten. Auf dem Foto links ist jeweils die rechte Seite zu sehen, auf dem Foto rechts die linke Seite. Die Mütze kann von beiden Seiten getragen werden.

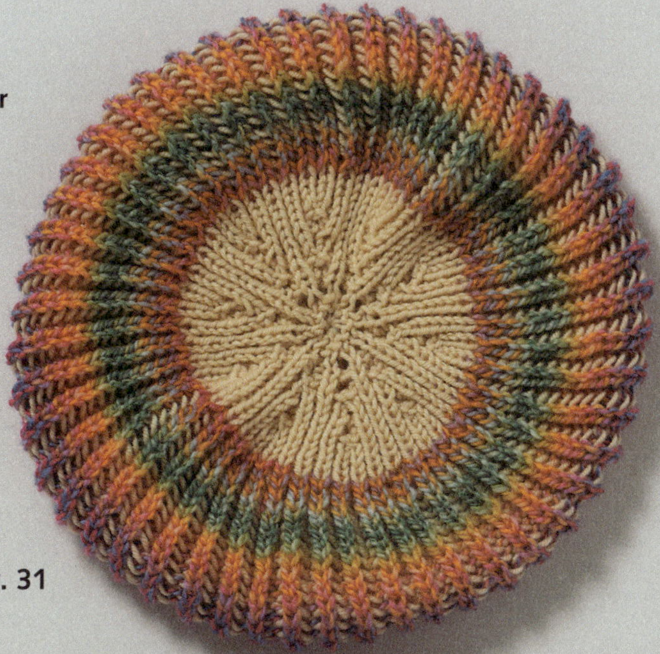

Nr. 31

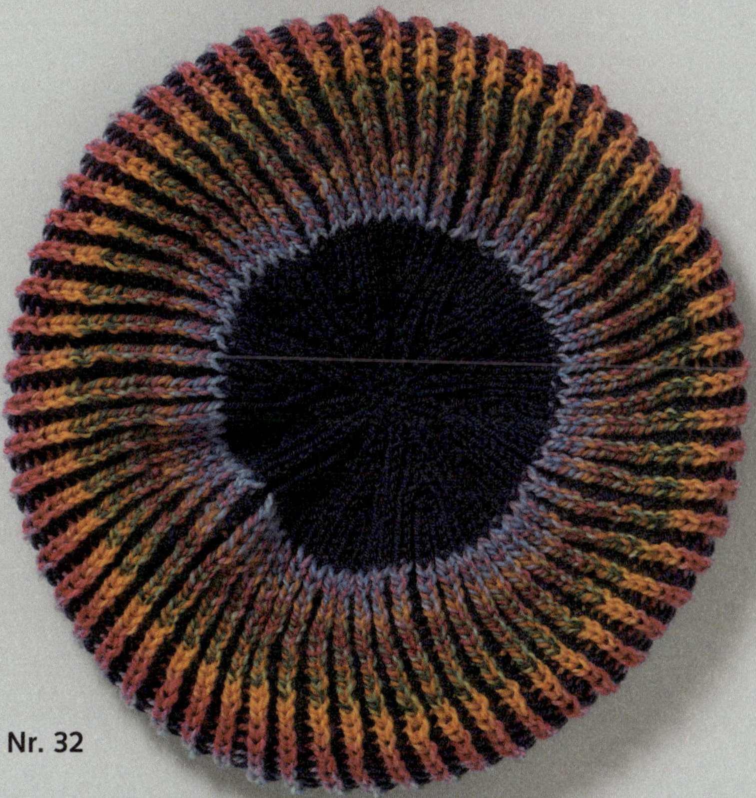

Nr. 32

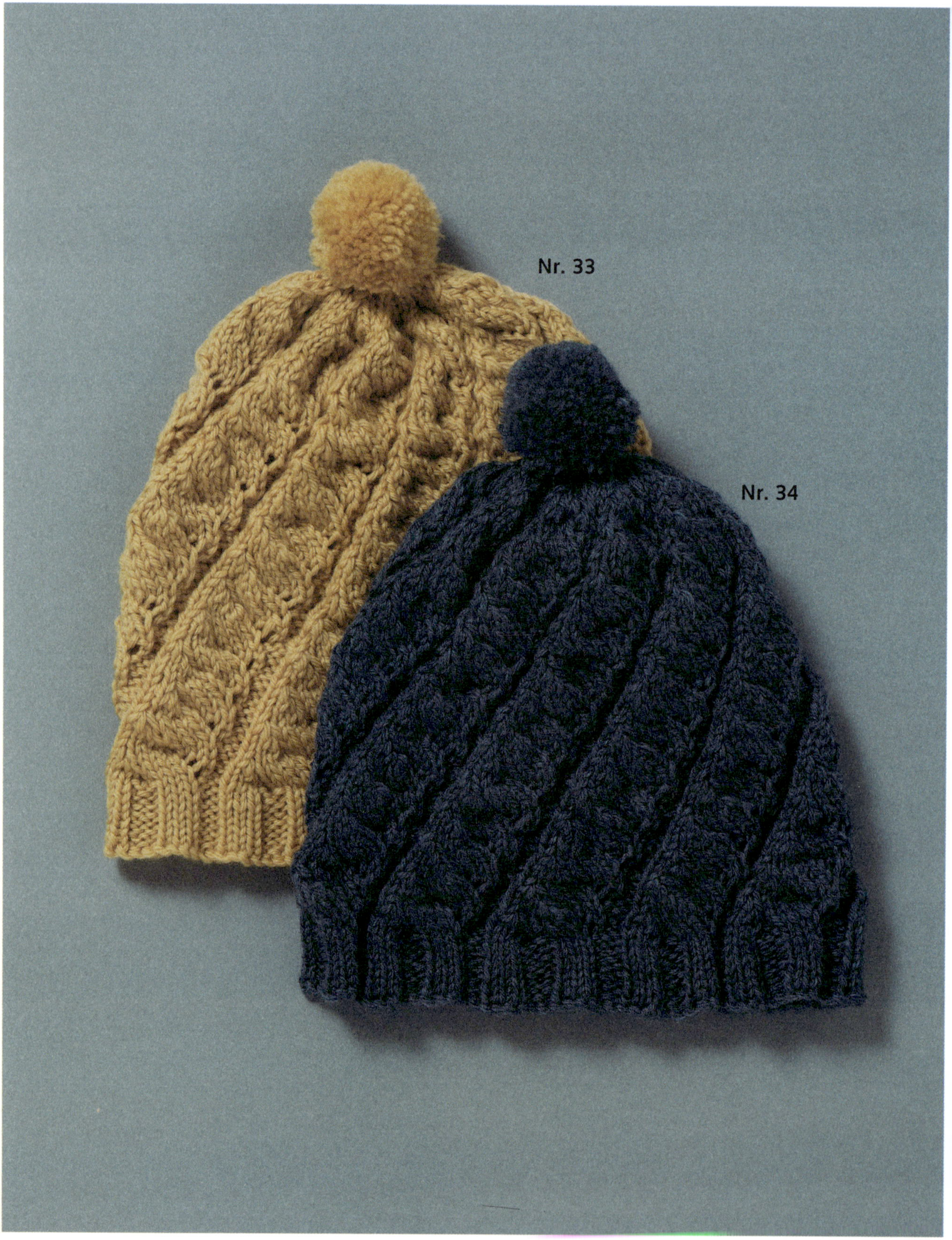
Nr. 33
Nr. 34

Yosefine

Mütze mit falschem Zopfmuster

Nur durch Zusammenstricken und Umschläge entsteht dieses hübsche Wirbelmuster.

Anleitung auf Seite 69.

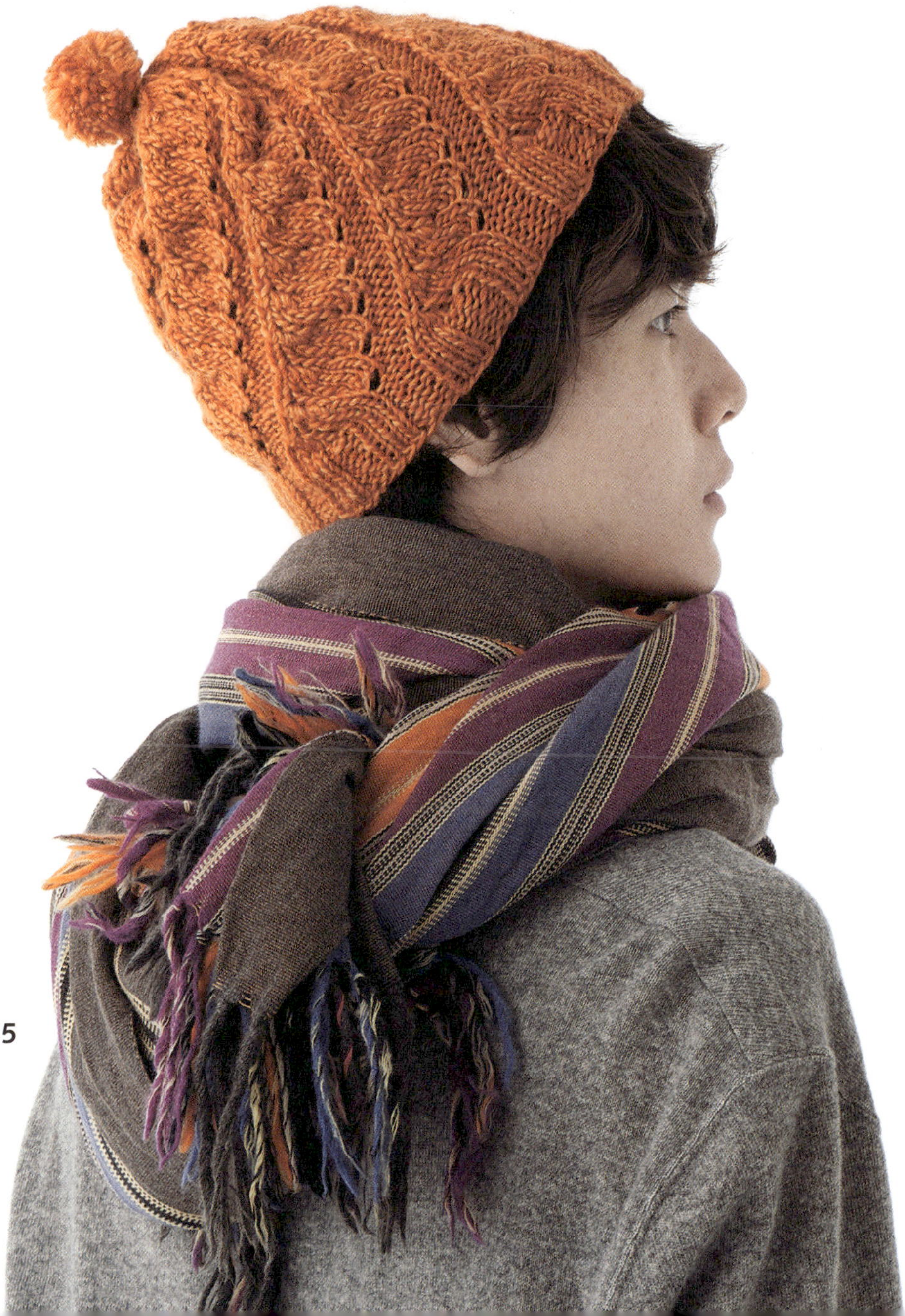

Nr. 35

Wicker work

Mütze mit Weidenmuster

Diese bequeme Mütze sitzt wie angegossen und hat das Zeug zum Lieblingsstück! Damit das flechtwerkartige Muster schön zur Geltung kommt, stricken Sie sie am besten mit einfarbiger Wolle.

Anleitung auf Seite 73.

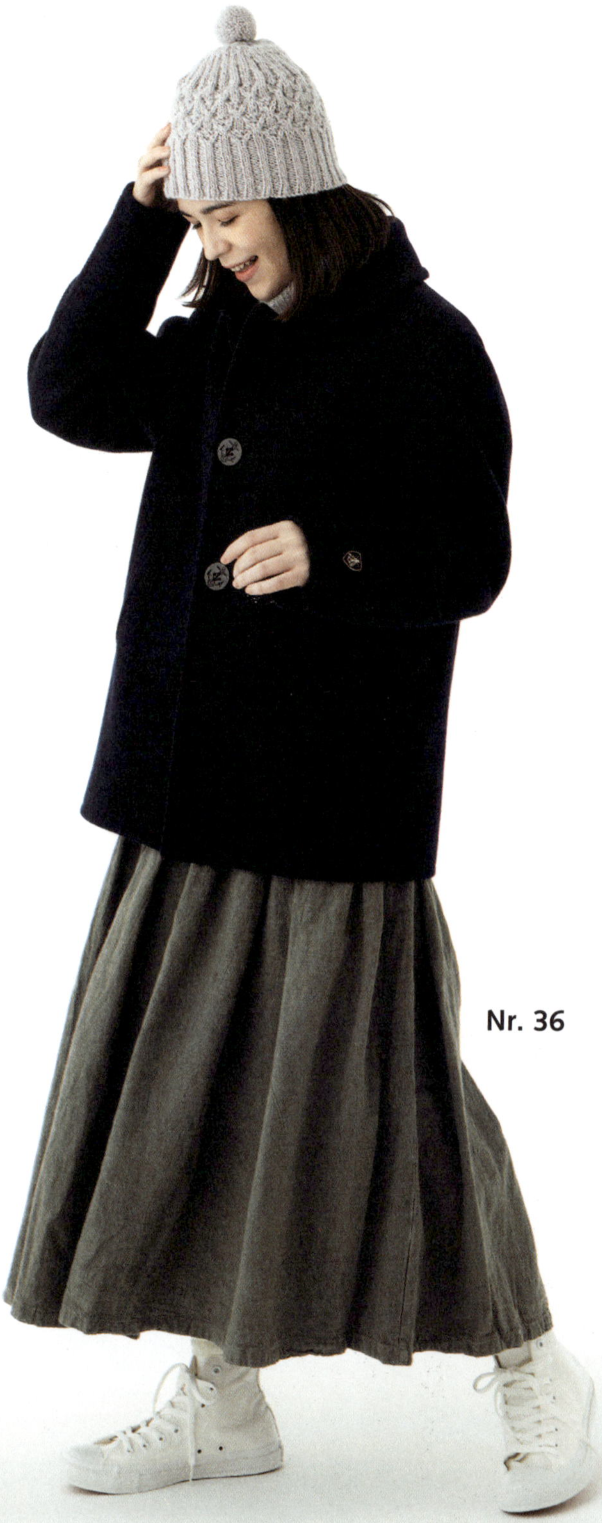

Nr. 36

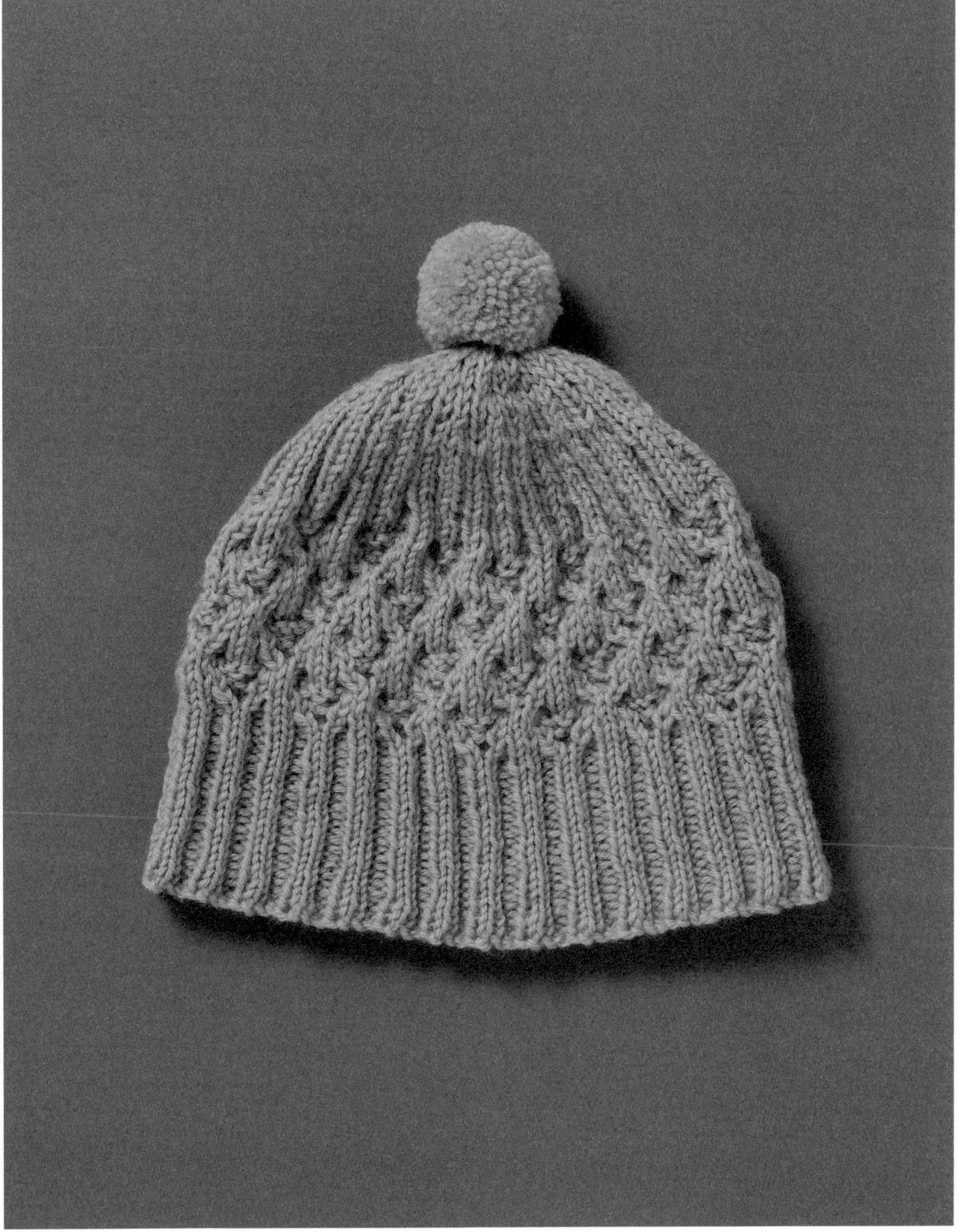

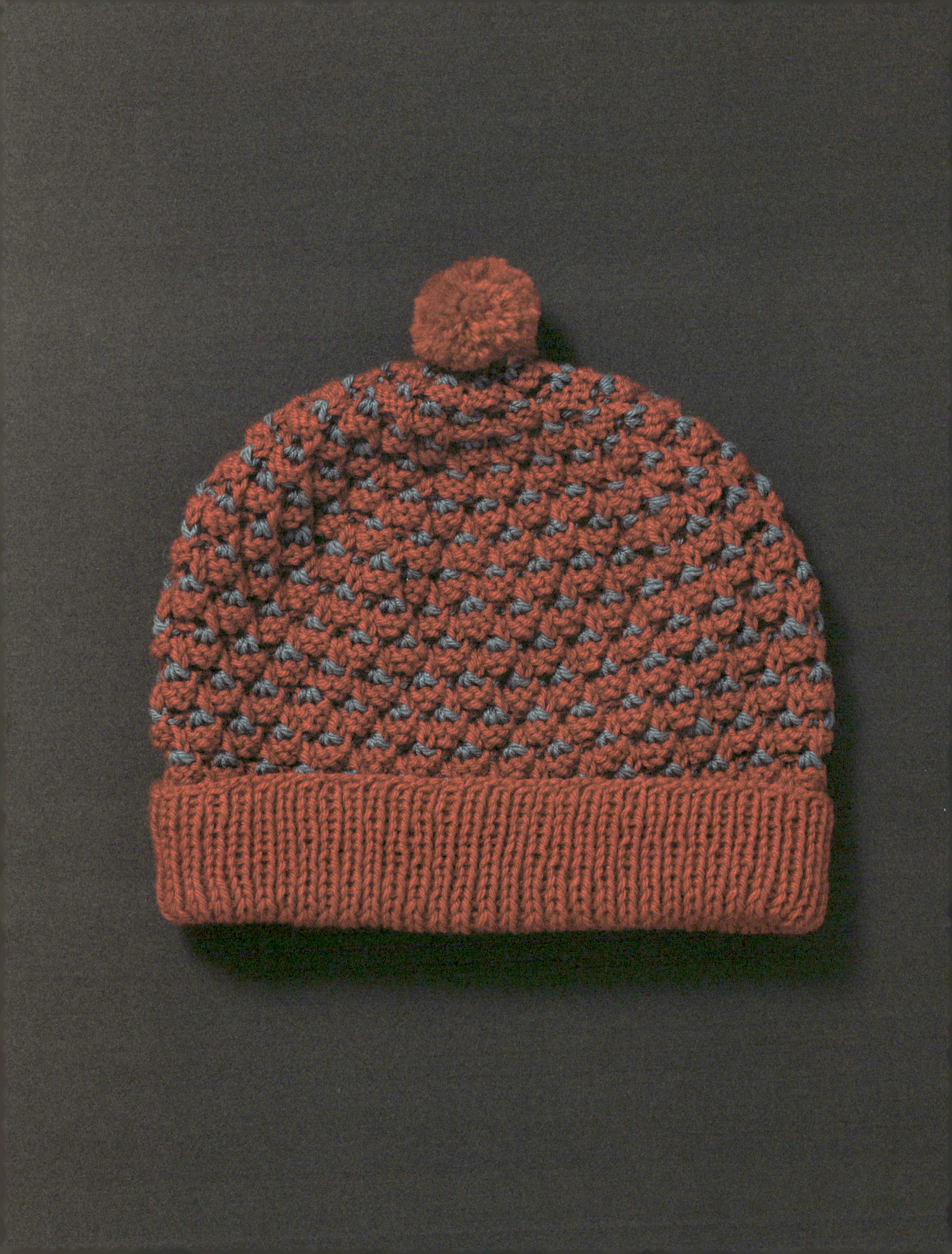

Berries

Mütze mit Beerenmuster

Diese fröhliche Mütze wird von oben nach unten gestrickt und sieht aus wie eine Schüssel voller roter Beeren. Die leuchtenden Farben muntern auch den größten Wintermuffel auf! Nr. 37 wird mit einer geringeren Nadelstärke gestrickt und wird so zum Damenmodell.

Anleitung auf Seite 76/77.

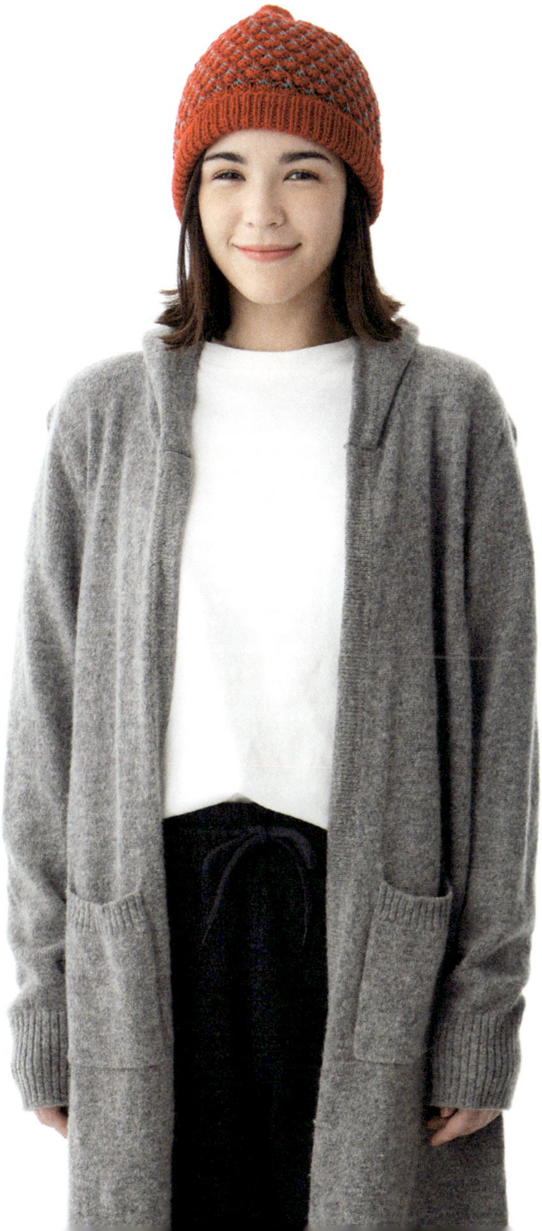

Nr. 37

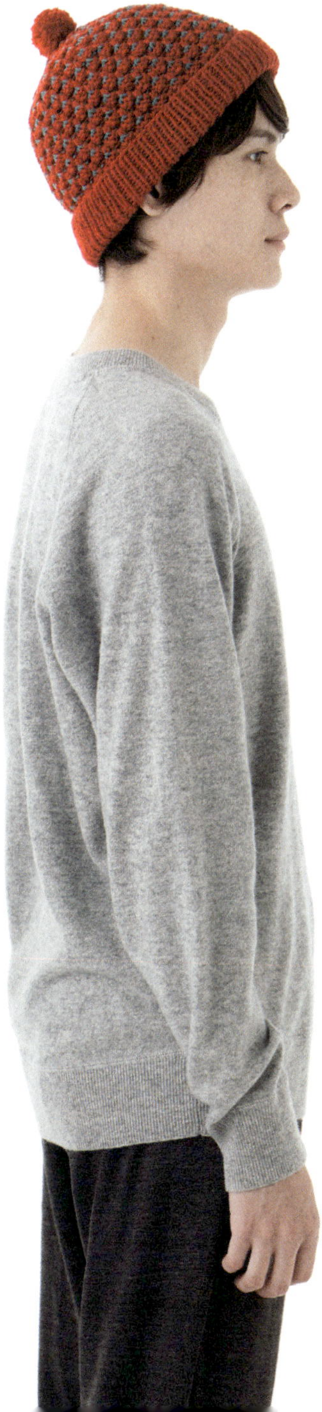

Nr. 38

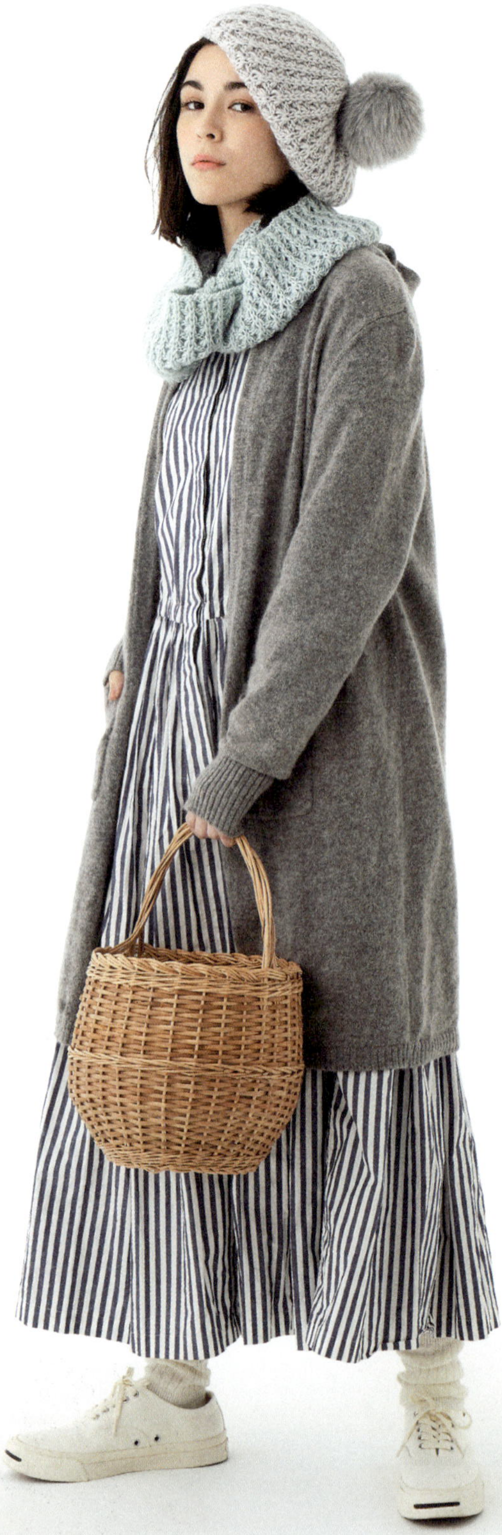

Drop Stitch Hat & Snood

Mütze und Snood mit Fallmaschenmuster

Vorder- und Rückseite sehen bei diesem Muster ganz unterschiedlich aus, sodass Sie Mütze und Snood von beiden Seiten tragen können. So stricken Sie praktisch gleich zwei Stücke auf einmal! Die große Pelzbommel verleiht der Mütze eine individuelle Note.

Anleitung auf Seite 82/83.

Nr. 39
Nr. 40

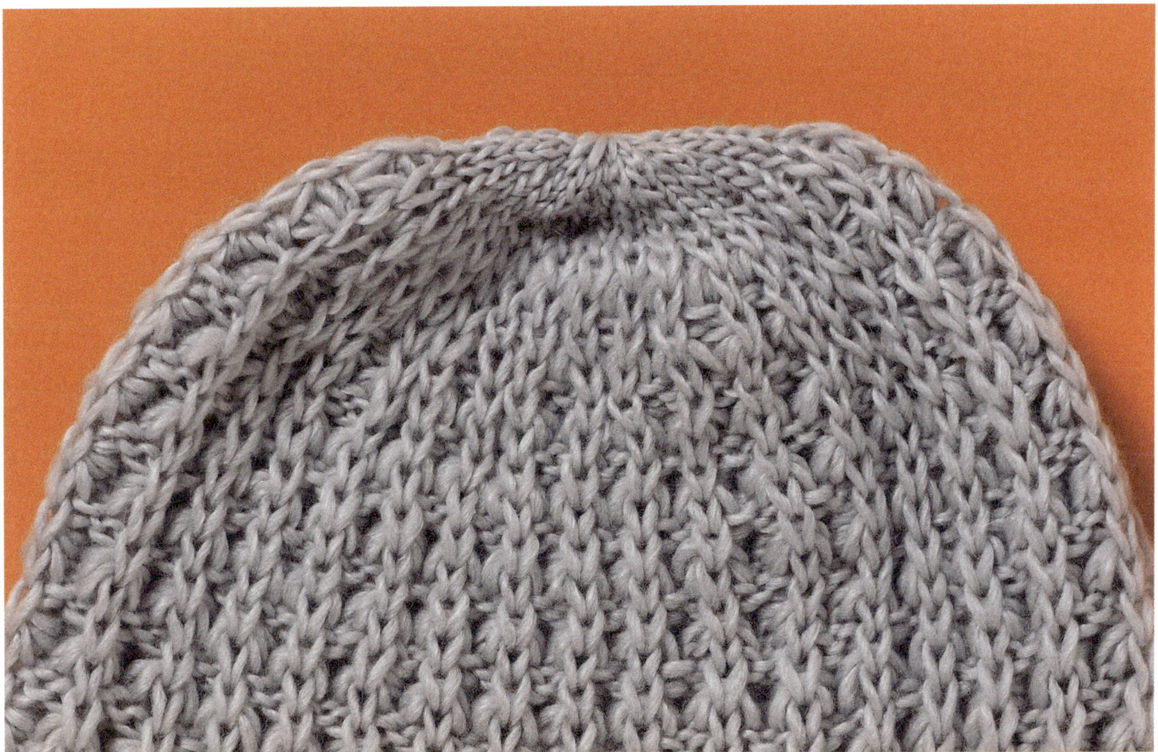

Nr. 39

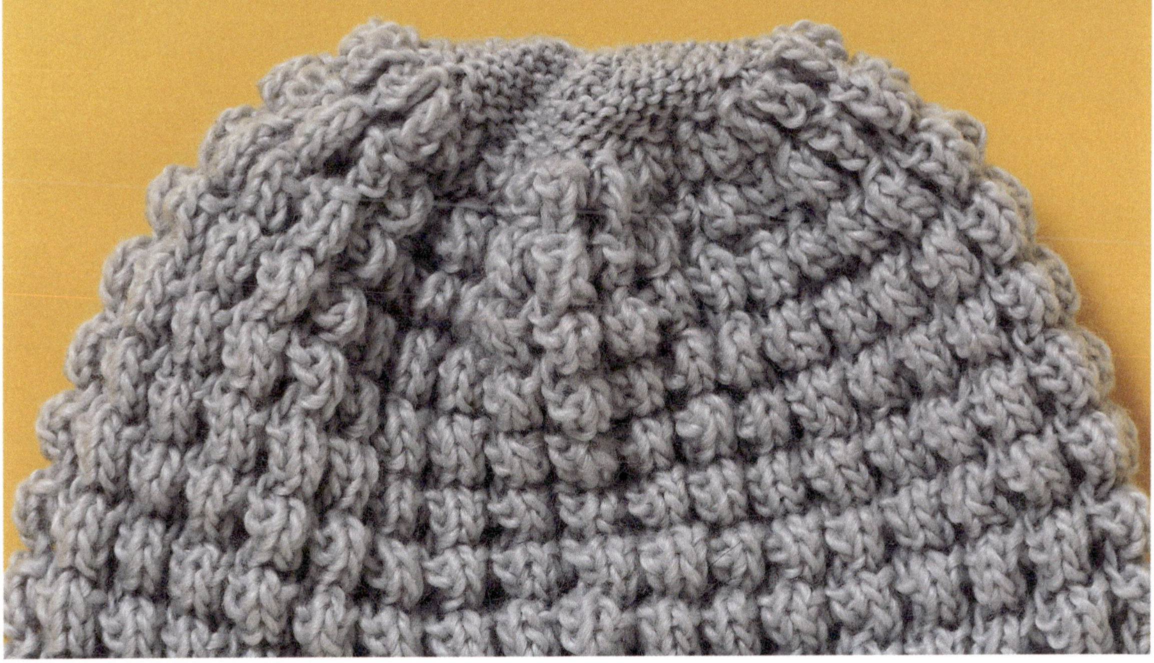

Vorderseite (oben) und Rückseite (unten) des Fallmaschenmusters.

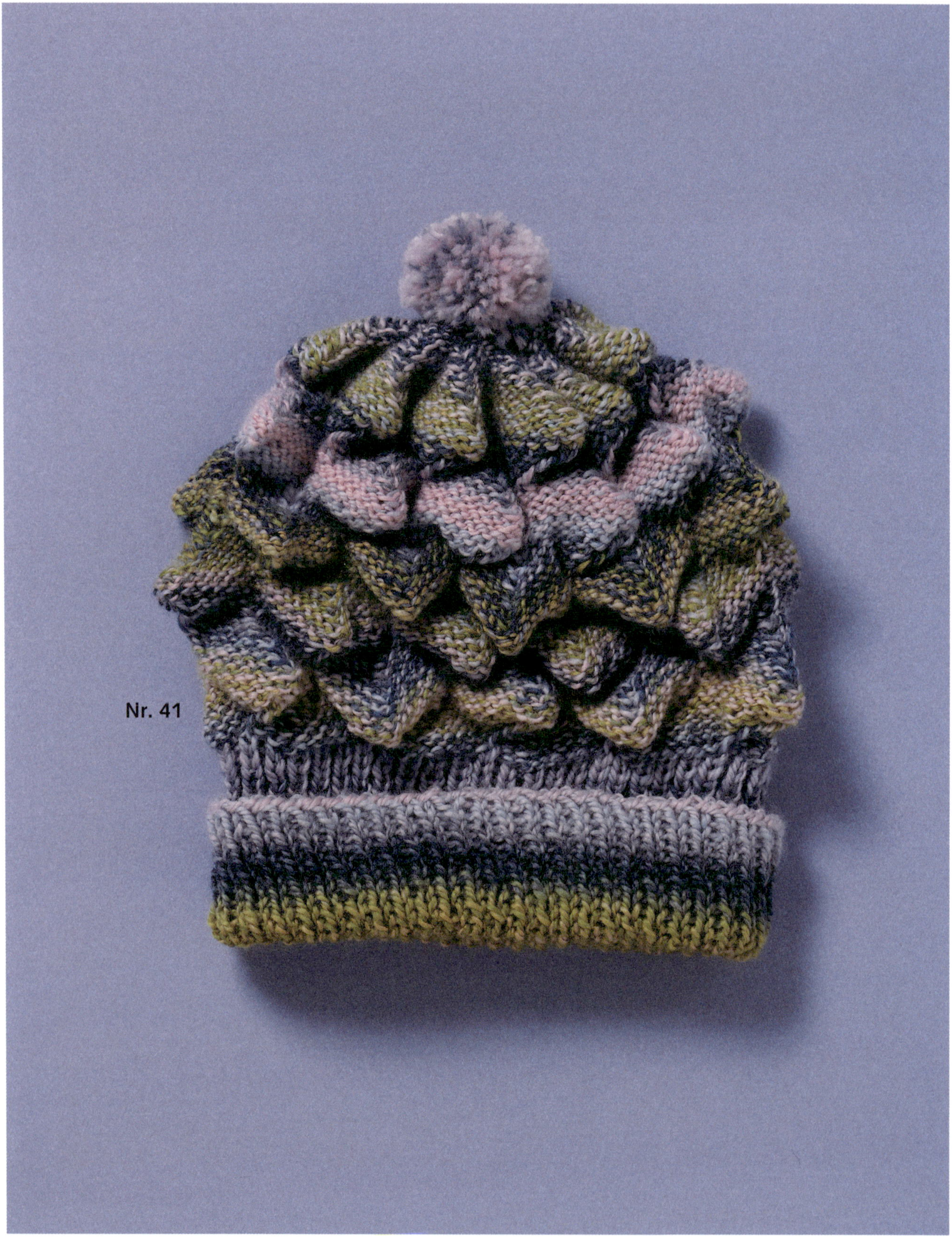

Nr. 41

Spiky

Stachel-Mütze

Das Stachelmuster ist inzwischen so etwas wie mein Markenzeichen. Vielleicht kennen Sie es schon aus meinen anderen Büchern „Spiralsocken“ oder „Japanische Handschuhe stricken“ – im Set mit dieser Mütze ist das Godzilla-Outfit perfekt! Nr. 41 ist das gleiche Modell in einer anderen Farbe.

Anleitung auf Seite 81.

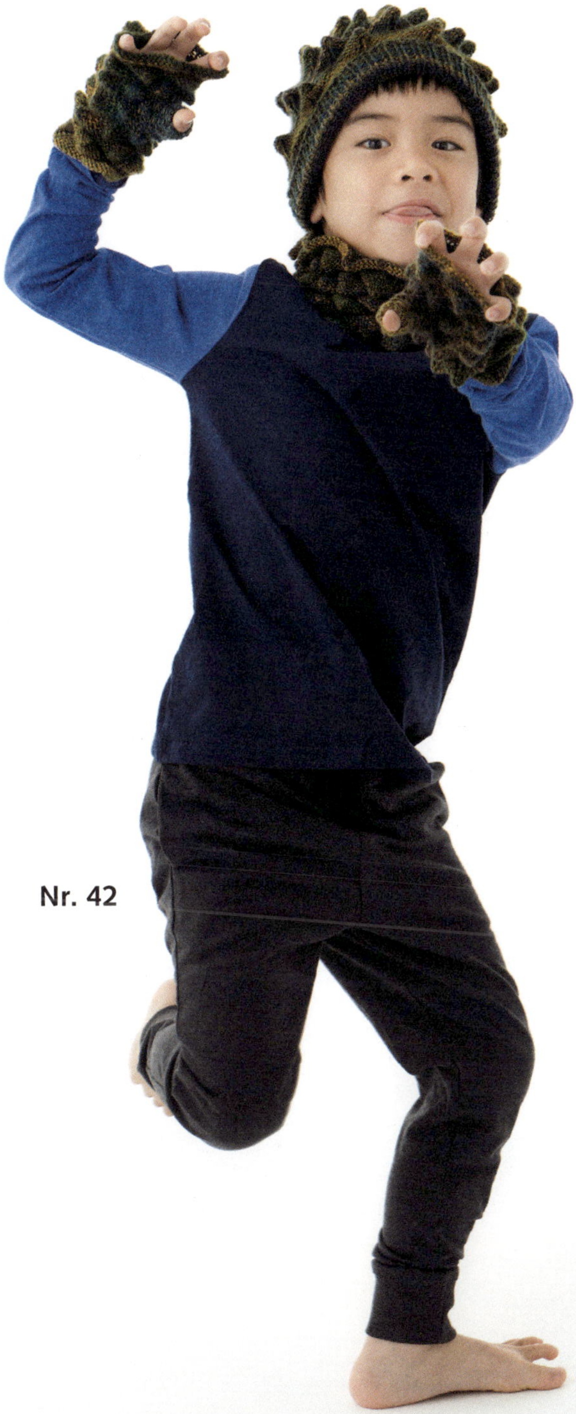

Nr. 42

In „Japanische Handschuhe stricken“ finden Sie auf Seite 30 Stachel-Fäustlinge (Nr. 27) und Halswärmer (Nr. 26).

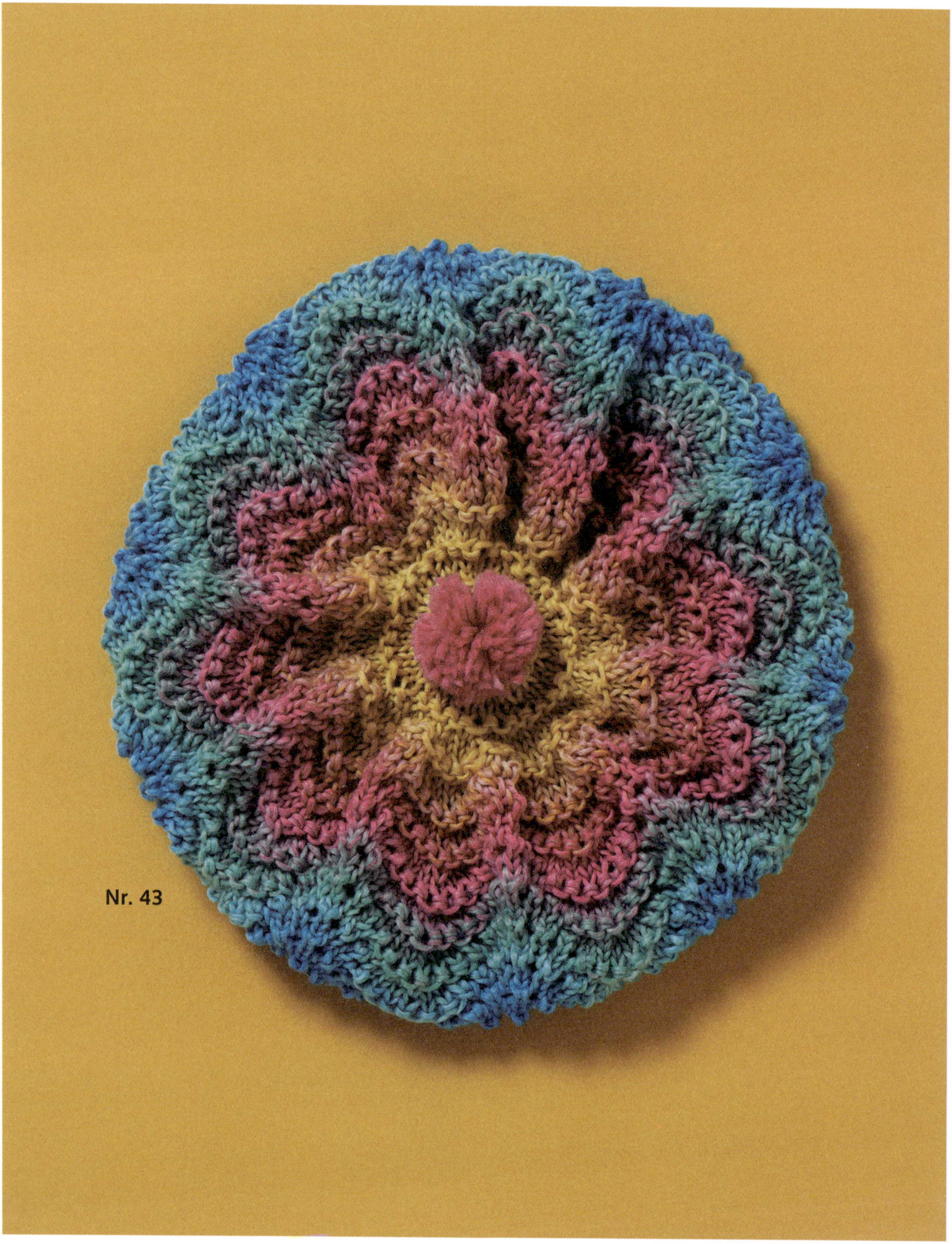

Nr. 43

Old Shale

Bequeme Mütze im Pfauenmuster

Dieses Muster ist auch für Anfänger ganz leicht zu bewältigen. Keine richtige Baskenmütze, aber ähnlich locker und bequem zu tragen und aus einfarbigem wie aus Regenbogengarn garantiert ein Hingucker! Das Kindermodell Nr. 45 wird wie Nr. 43, aber mit dünnerer Wolle und geringerer Nadelstärke gestrickt.

Anleitung auf Seite 86/87.

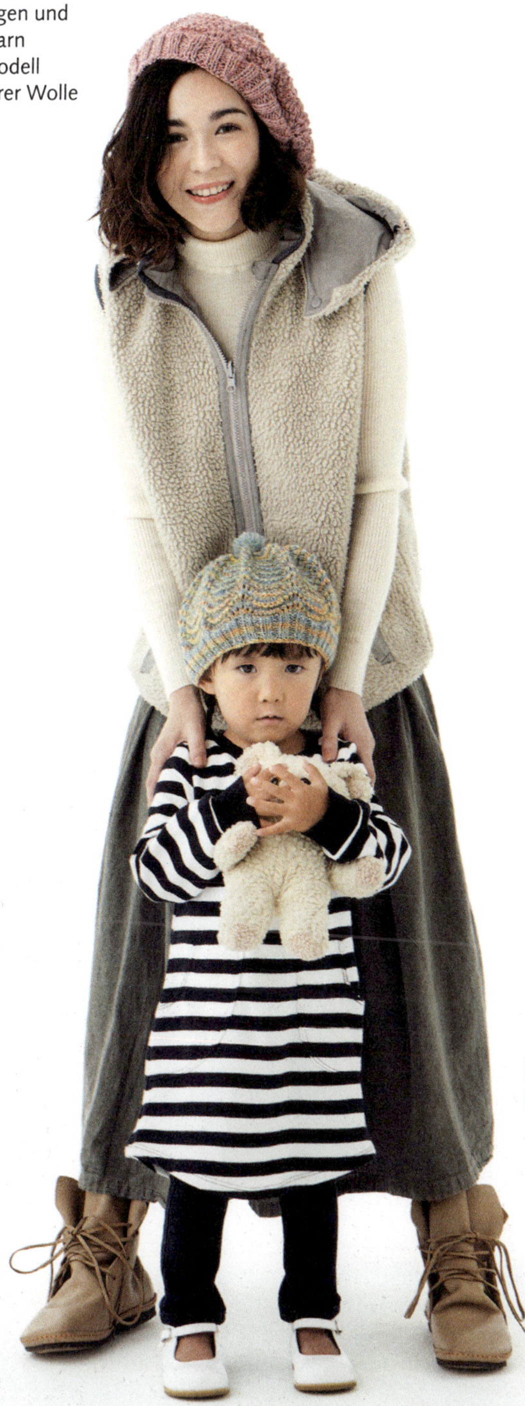

Nr. 44
Nr. 45

Owl

Mütze mit Eulenmuster

Die Eulen entstehen durch ein ganz einfaches Zopfmuster. Bringt man als Augen noch kleine Knöpfe an, wirken sie fast lebendig! Auf Seite 47 wurde nur eine Eule mit Augen versehen.

Anleitung auf Seite 88.

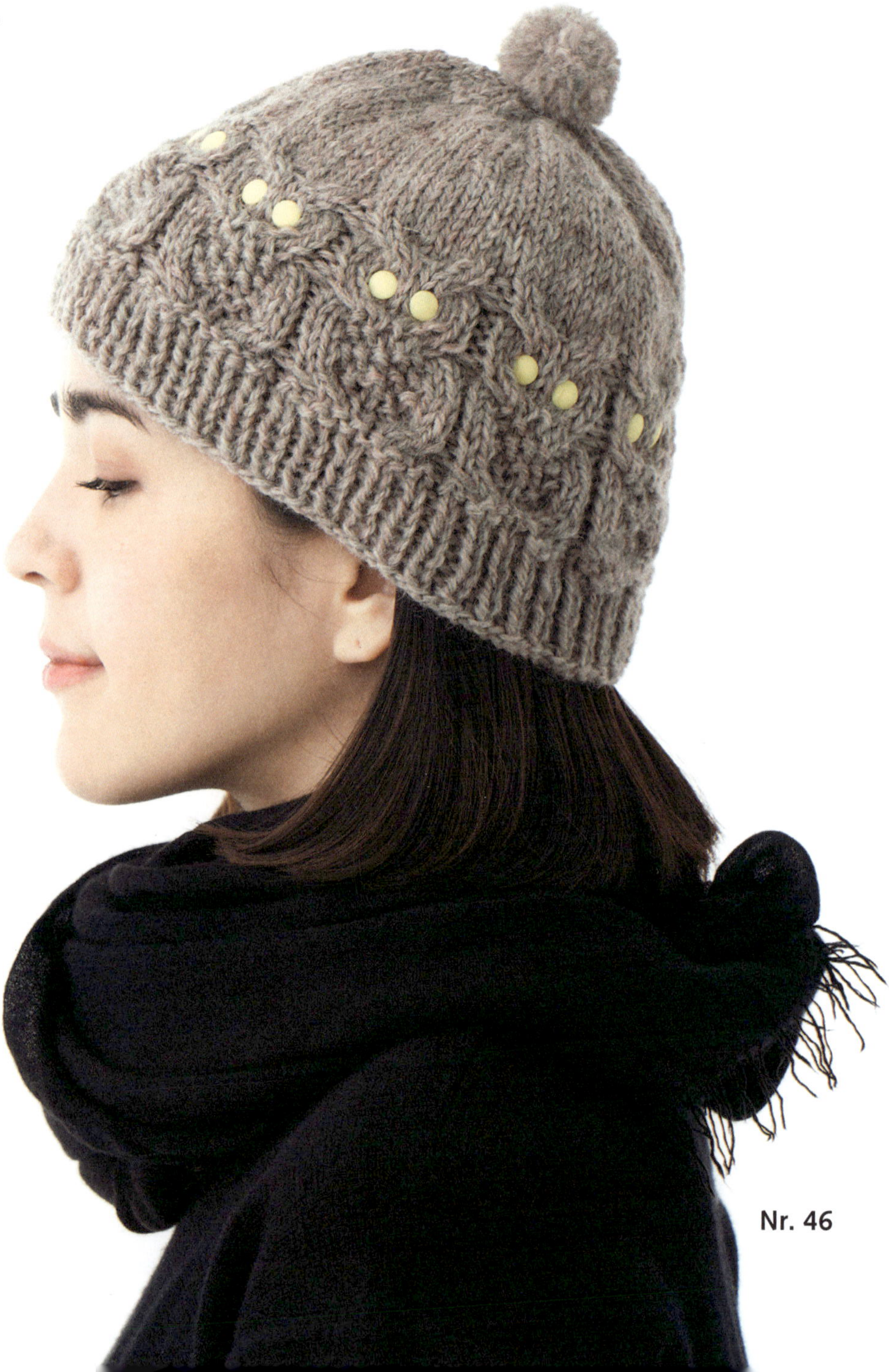

Nr. 46

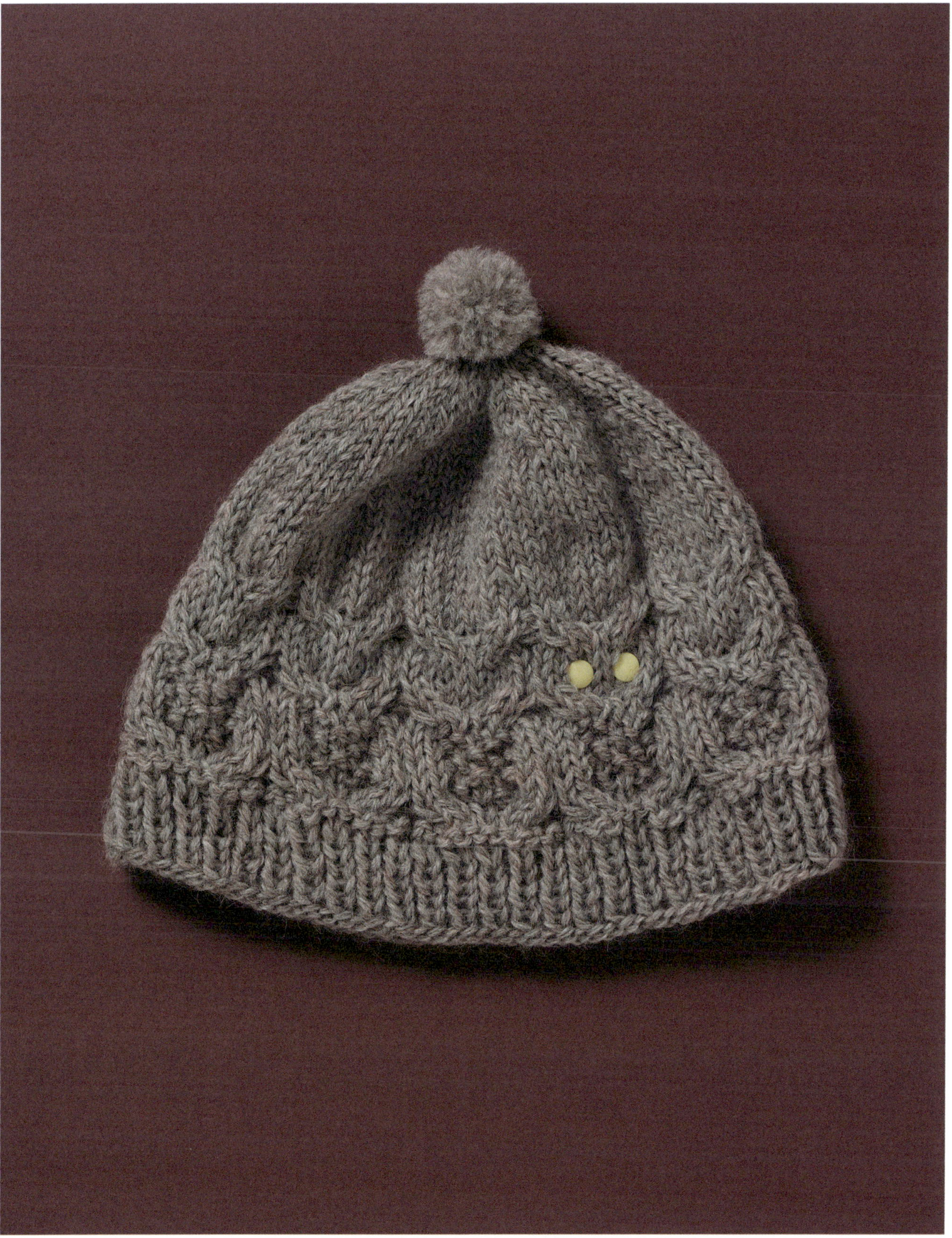

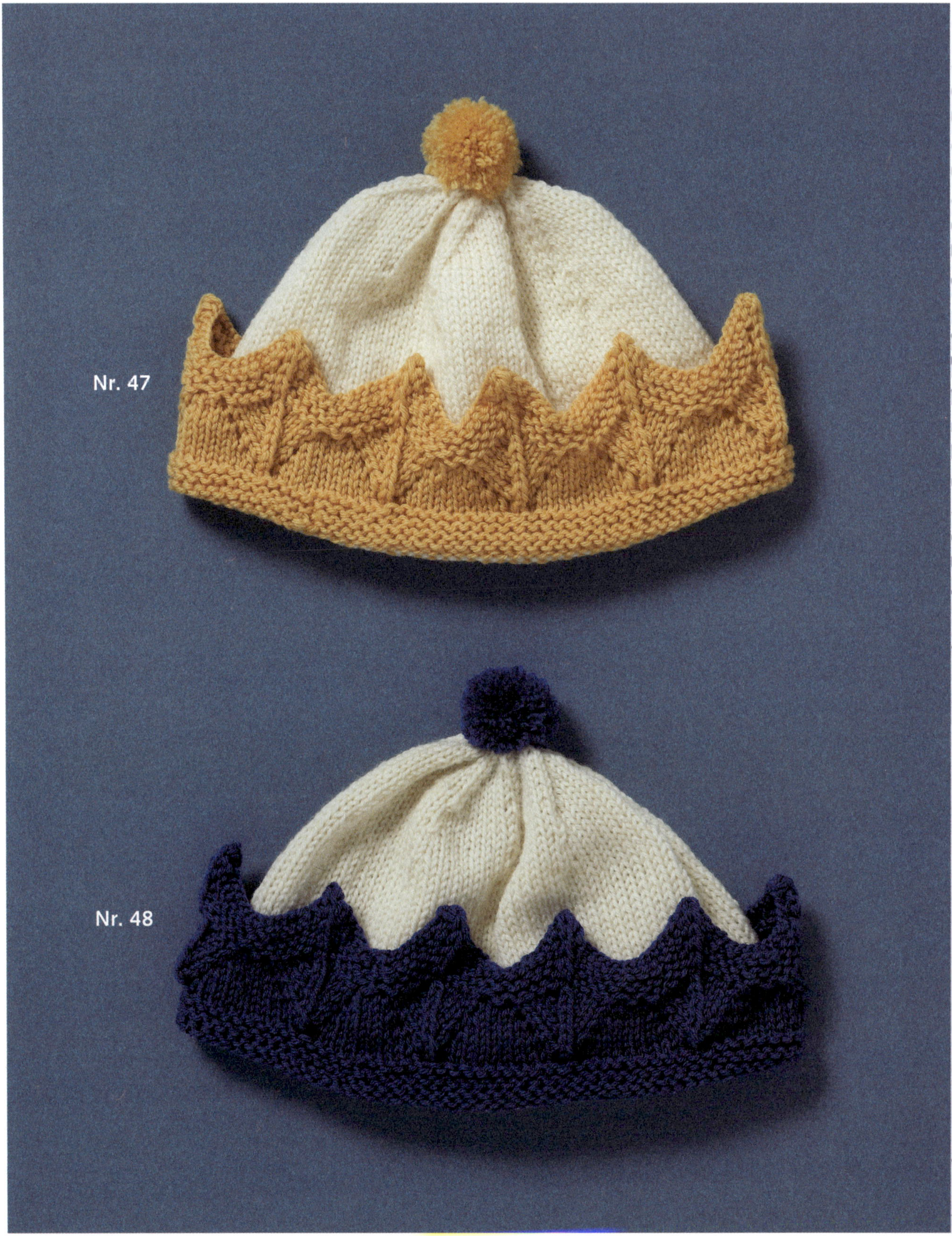
Nr. 47
Nr. 48

Royal Hat

Kronenmütze

Haben wir nicht alle schon mal davon geträumt, Prinz oder Prinzessin zu sein? Deshalb habe ich diese leicht zu strickende Kronenmütze für Kinder entworfen. Sie können auch nur den Kronenteil als Haarband stricken.

Anleitung auf Seite 89.

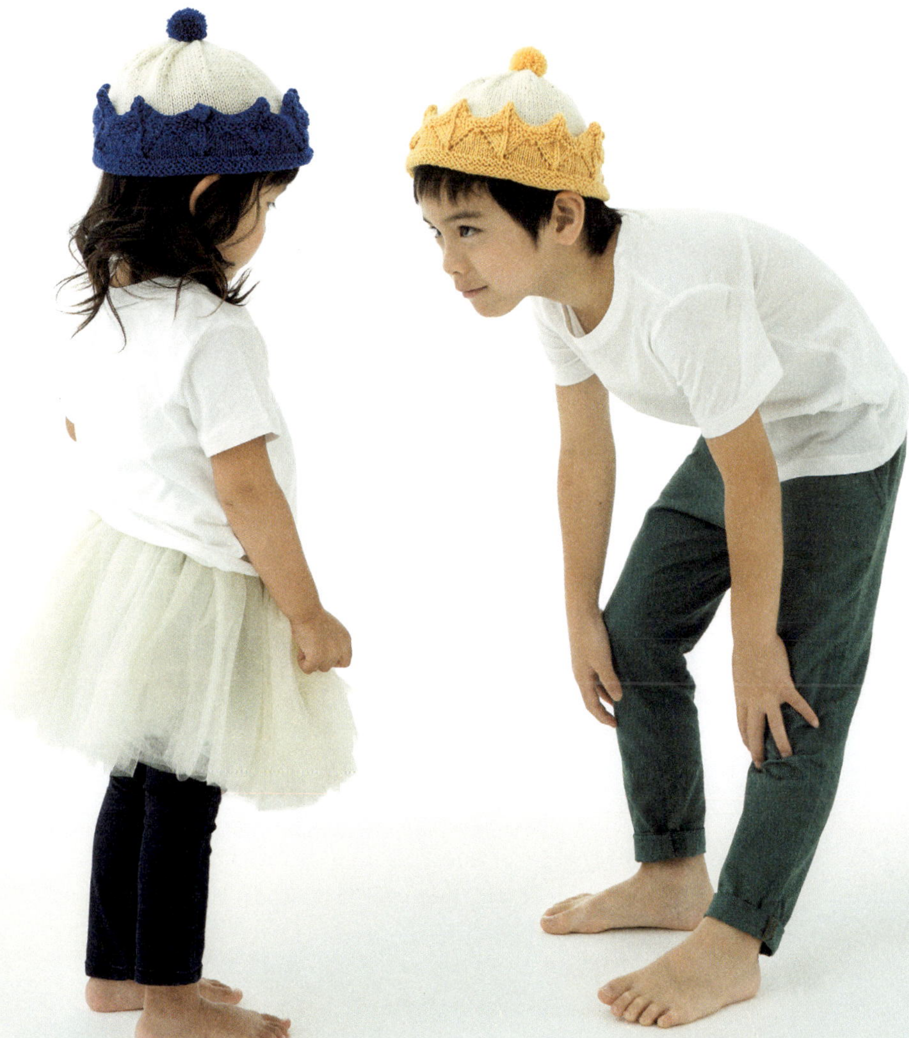

Verwendete Garne (Originalgröße)*

* Alternative Garne finden Sie auf Seite 96

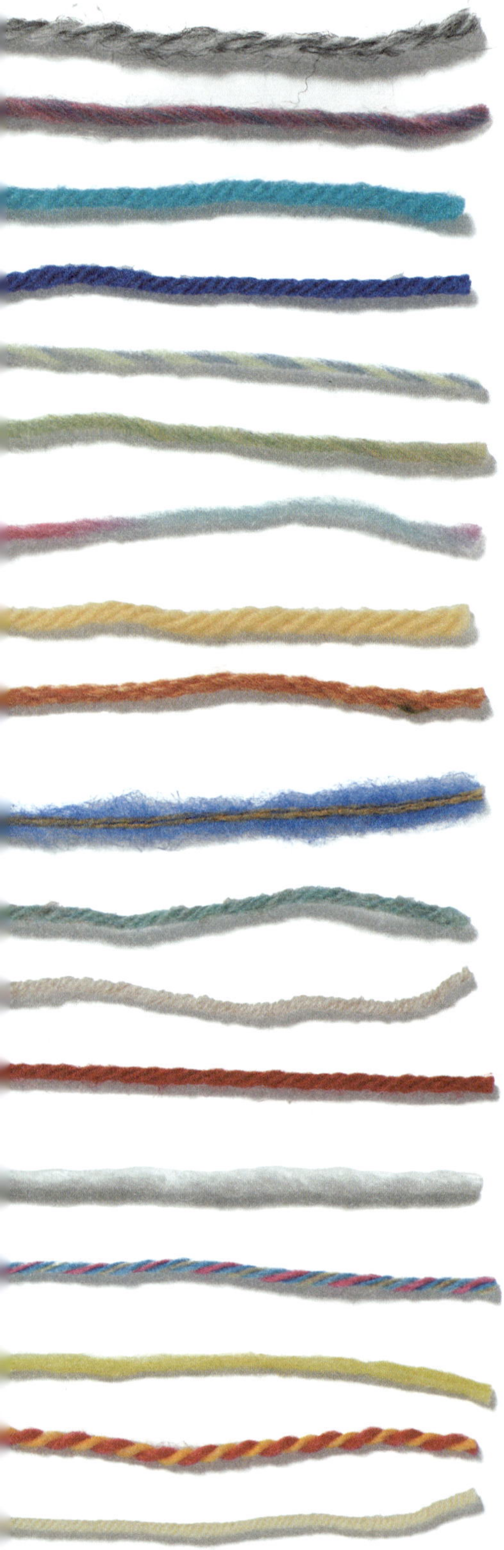

Puppy British Eroika: 100 % Wolle; 50 g = 83 m

Puppy Multico: 75 % Wolle, 25 % Mohair; 40 g = 80 m

Puppy Shetland: 100 % Wolle; 40 g = 90 m

Puppy Princess Anny: 100 % Wolle; 40 g = 112 m

Puppy Lecce: 90 % Wolle, 10 % Mohair; 40 g = 160 m

Olympus Make Make: 90 % Wolle, 10 % Mohair; 25 g = 62 m

Olympus Make Make Tomato: 90% Wolle, 10 % Mohair; 25 g = 65 m

Olympus Tree House Palace: 100 % Wolle; 40 g = 104 m

Olympus Tree House Berries: 60 % Wolle, 27 % Acryl, 10 % Alpaka, 3 % Viskose; 40 g = 90 m

Daruma Geek: 56 % Wolle, 30 % Polyester, 14 % Alpaka; 30 g = 70 m

Daruma Shetland Wool: 100 % Wolle; 50 g = 136 m

Ski Tasmanian Polwarth: 100 % Wolle; 40 g = 134 m

Yanagiyarn Koi Suru Keito Sport: 100 % Wolle; 40 g = 120 m

Yanagiyarn Bloom: 80 % Wolle, 20 % Seide; 50 g = 115 m

Schoppel Zauberball: 100 % Wolle; 100 g = 250 m

Schoppel Gradient: 100 % Wolle; 100 g = 260 m

Schoppel Edition 3: 100 % Wolle; 50 g = 150 m

Schoppel Life Style: 100 % Wolle; 50 g = 155 m

Das brauchen Sie zum Mützenstricken

Da Mützen meist in Runden gestrickt werden, brauchen Sie ein Nadelspiel mit 4 oder 5 Stricknadeln. Mit einer Nadel wird gestrickt, auf den übrigen 3 bis 4 Nadeln liegen die Maschen. Verteilen Sie sie je nach Maschenanzahl gleichmäßig auf die Nadeln. Mit einer kurzen Rundnadel geht es noch einfacher.

A **Nadelspiel:** zum Rundenstricken mit 4 oder 5 Nadeln.

B **Maschenstopper:** wird auf die Nadelspitze gesteckt, damit die gestrickten Maschen nicht von der Nadel rutschen.

C **Rundnadel:** erleichtert das Arbeiten bei großer Maschenzahl. Für Mützen empfiehlt sich eine Länge von 40 oder 60 cm.

D **Wollnadel:** zum Zusammenziehen von Maschen, Zusammennähen von Strickteilen und Vernähen von Fadenenden.

E **Rundenmarkierer:** wird auf die Nadel geschoben, um den Rundenanfang zu markieren oder das Zählen zu erleichtern.

F **Maschenmarkierer:** wird in die gestrickte Masche eingehängt, um bestimmte Runden oder die Anfangsmasche zu markieren.

G **Zopfmusternadel:** für Zopfmuster oder zum Verkreuzen von Maschen.

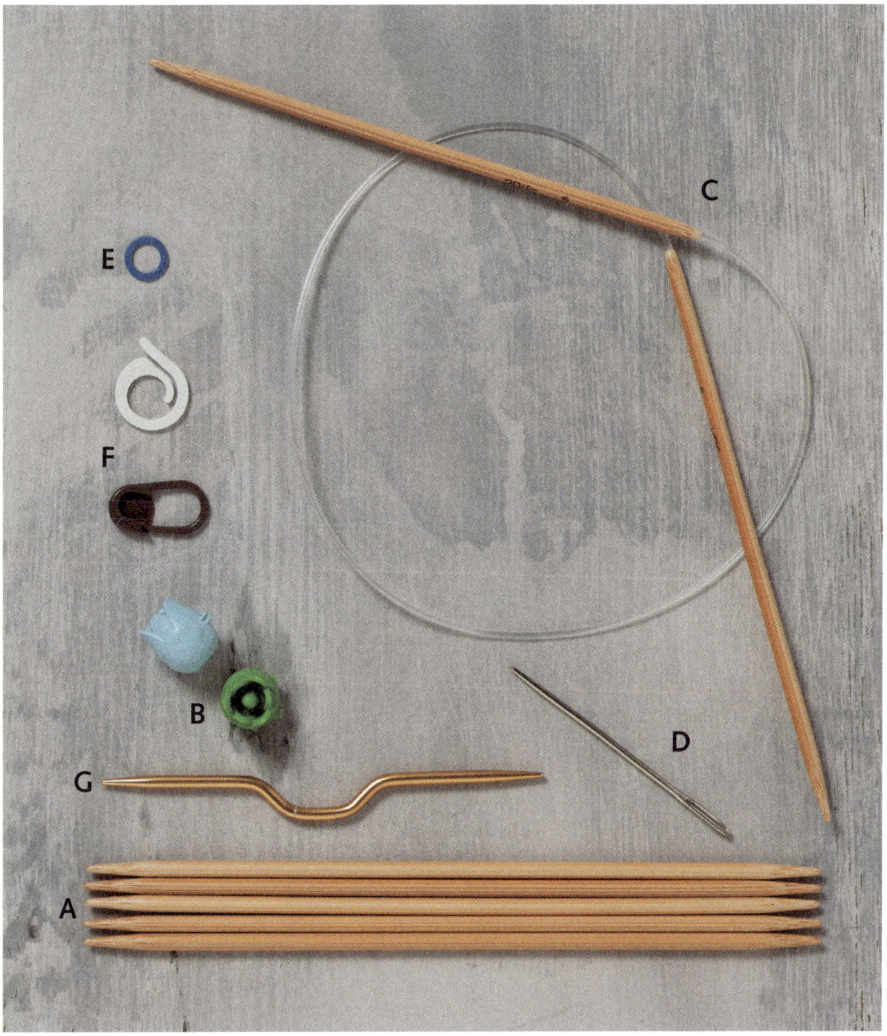

How to cast on and increase stitches.

Hier stelle ich die Grundtechniken vor, die Sie zum Nachstricken der Mützen in diesem Buch brauchen.

Elastische Anschlagmaschen

Diese Anschlagmaschen verwende ich oft für Mützenränder, Sockenbündchen etc. Sie ähneln dem normalen Kreuzanschlag, aber in Schritt 5 und 6 wird die Nadel anders geführt.

Bei dieser Anschlagtechnik misst man erst die benötigte Fadenlänge für den Anschlagrand ab und fängt an dieser Stelle an. Sie brauchen die 4- bis 5-fache Länge des späteren Anschlagrandes. Ist der Faden zu kurz, müssen Sie die Maschen neu anschlagen; es ist daher besser, den Faden anfangs lieber etwas großzügiger zu bemessen, bis Sie den Dreh raushaben.

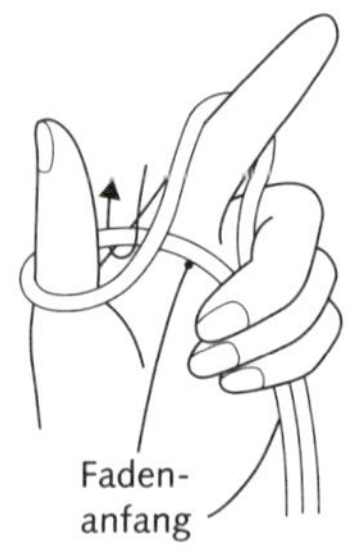

1

Den Faden wie auf dem Bild um Daumen und Zeigefinger schlingen und die Stricknadel in Pfeilrichtung hindurchführen.

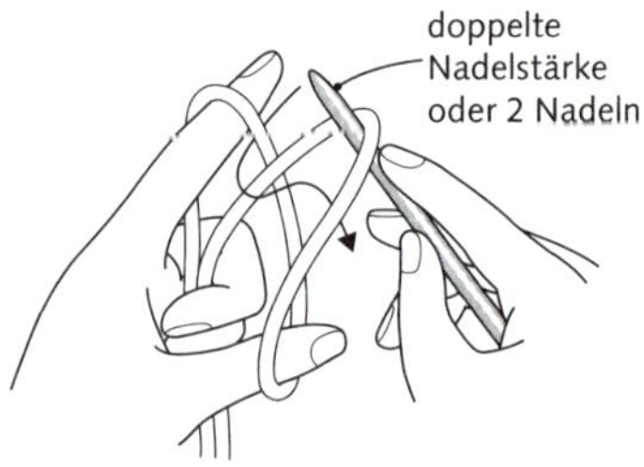

2

Den Faden am Zeigefinger mit der Nadel durch die Schlinge am Daumen holen.

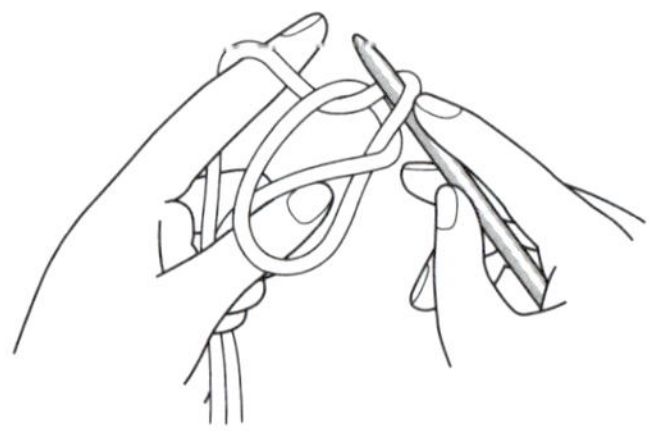

3

Den Faden vom Daumen gleiten lassen.

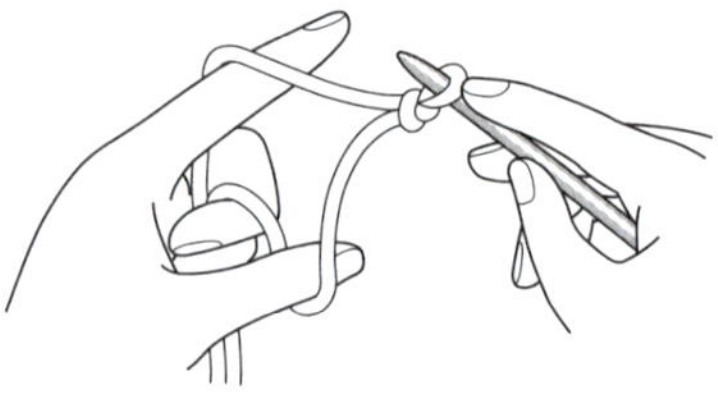

4

Den Fadenanfang um den Daumen legen und festziehen. Die Anfangsmasche liegt nun auf der Nadel.

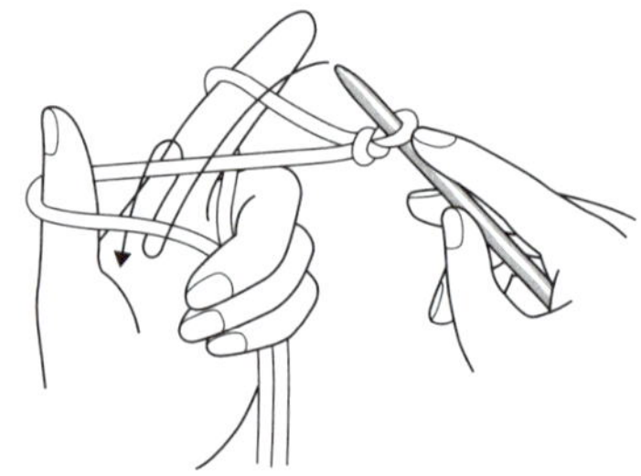

5

Mit dem rechten Zeigefinger die M auf der Nadel festhalten, die Nadel in Pfeilrichtung durch die beiden Fäden um den Daumen führen und den Faden hinter dem Daumen unter dem Faden vor dem Daumen nach vorn holen.

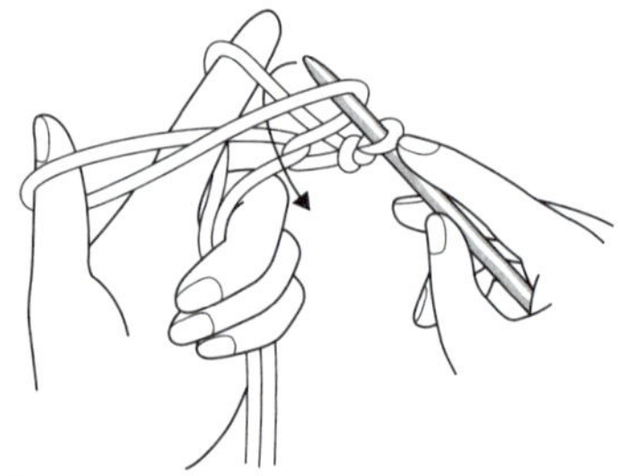

6

Den Faden vom Zeigefinger durch die Daumenschlinge holen.

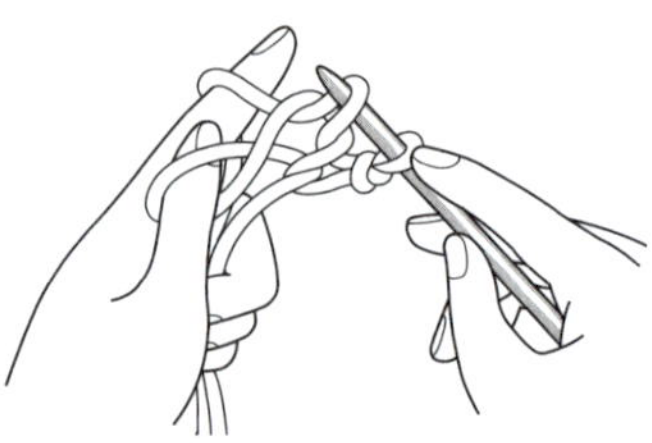

7

Den Faden vom Daumen gleiten lassen.

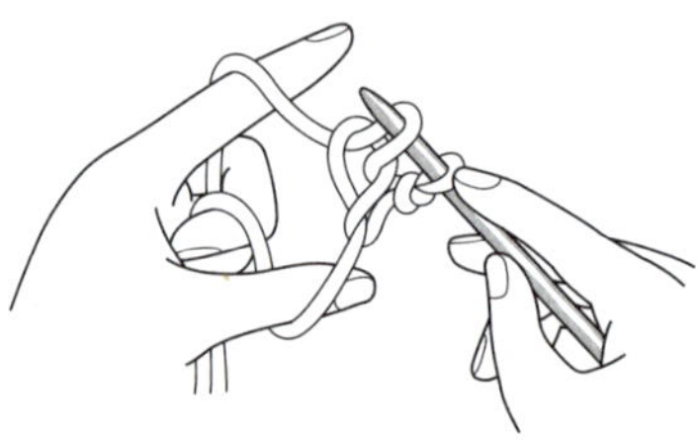

8

Den Faden um den Daumen legen und festziehen. Die Schritte 5–8 stets wiederholen, bis die gewünschte Anzahl an M angeschlagen ist.

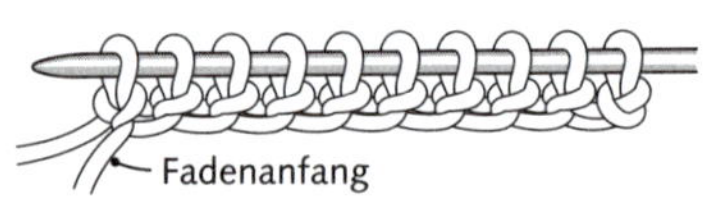

9

Die Anschlagmaschenreihe (10 M angeschlagen) besteht aus einer Reihe rechter Maschen.

KFB-Zunahme 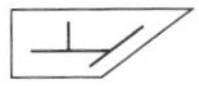 ❄ Dieses Symbol wird nur in diesem Buch verwendet.

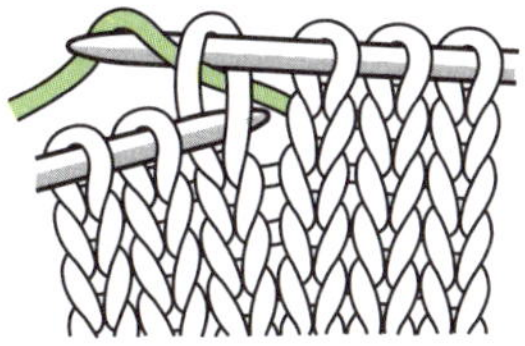

1

Die rechte Nadel von vorn in die M stechen und den Faden auf die Nadel nehmen.

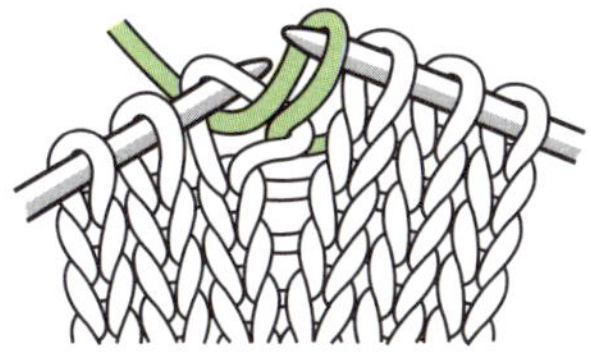

2

Den Faden holen (1 M re gestrickt). Die Masche nicht von der linken Nadel gleiten lassen.

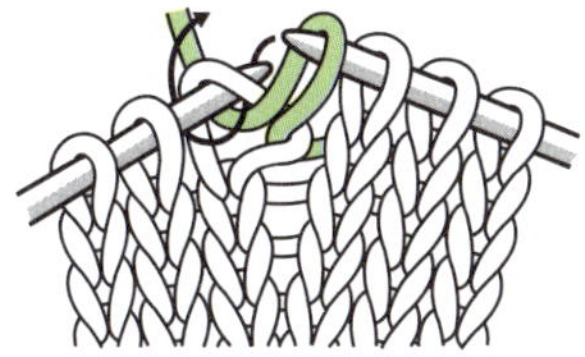

3

Die rechte Nadel in Pfeilrichtung von hinten durch dieselbe Masche stechen.

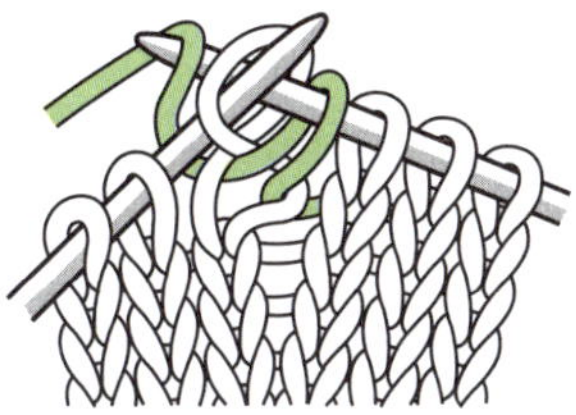

4

Den Faden auf die Nadel nehmen und durch die Masche holen (1 M re gestrickt).

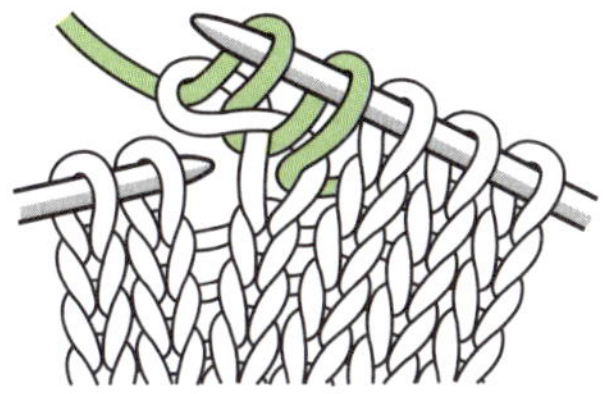

5

Aus 1 M werden auf diese Weise 2 re M herausgestrickt.

How to bind off

Isländisch abketten

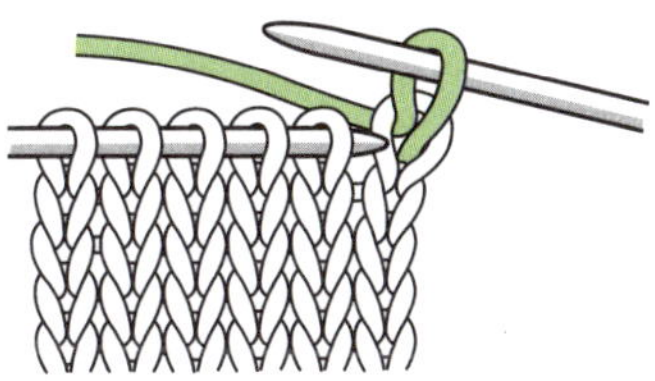

1

1 M re stricken.

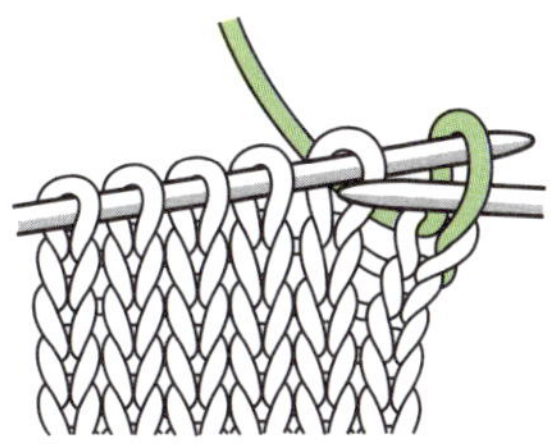

2

Die in Schritt 1 gestrickte M wieder auf die linke Nadel legen, die rechte Nadel hindurchführen und wie zum Rechtsstricken in die folgende M stechen.

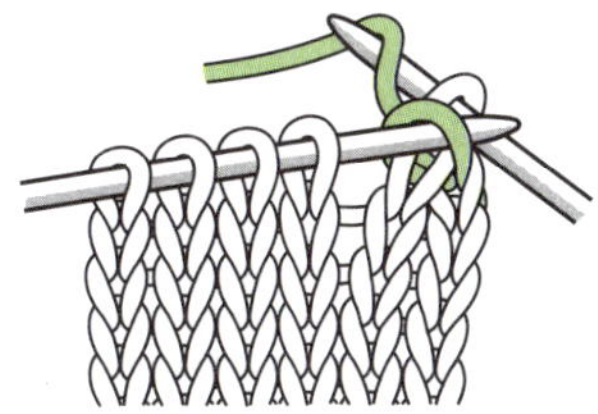

3

Die zweite durch die erste M ziehen und den Faden um die Nadel legen.

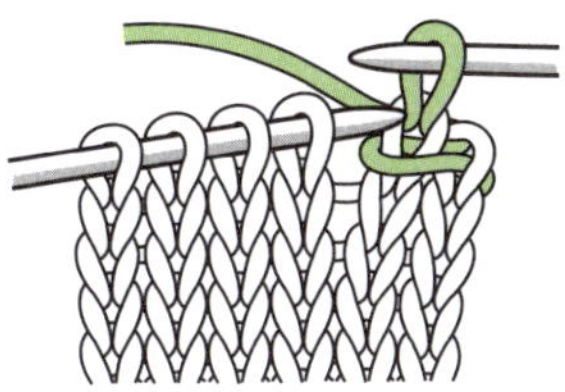

4

1 M re stricken. 1 M ist abgekettet.

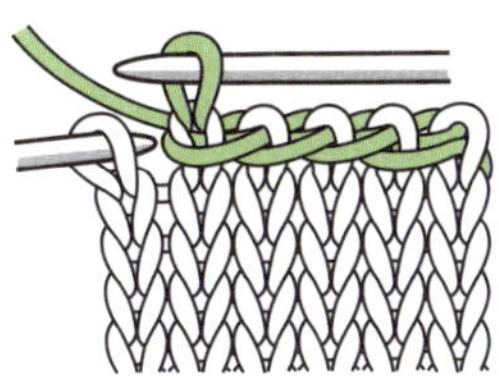

5

Die Schritte 2–4 stets wiederholen, bis die gewünschte Anzahl an M abgekettet ist.

Pom Pom **Bommeln**

Aus Wollresten lassen sich ganz einfach hübsche Bommeln herstellen, die fertigen Strickstücken den letzten Schliff geben. Dafür zunächst auf ein Stück Pappe zwei Kreise zeichnen.

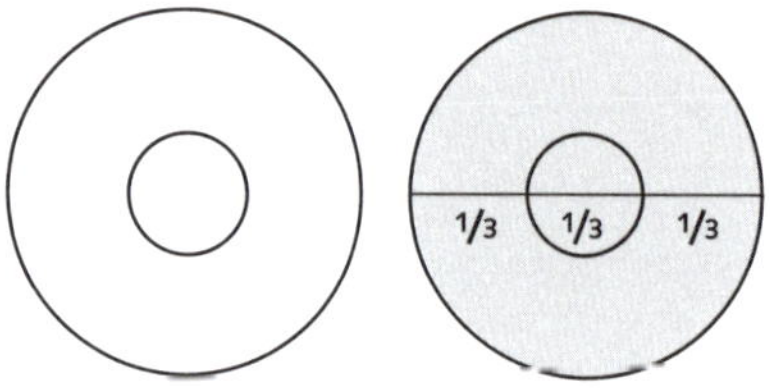

1 Auf die Pappe einen Kreis mit dem gewünschten Durchmesser der Bommel zeichnen, dann in die Mitte einen zweiten Kreis von 1/3 des Durchmessers zeichnen und ausschneiden. Auf diese Weise insgesamt zwei Schablonen anfertigen.

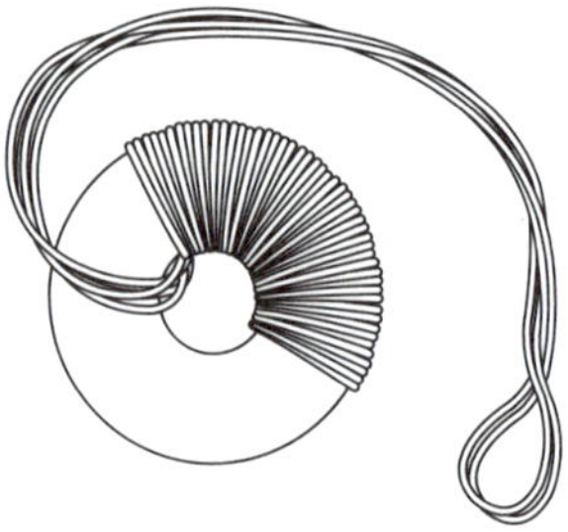

2 Die beiden Pappscheiben übereinanderlegen, den Wollfaden vierfach nehmen und ohne Lücken gleichmäßig um die Schablone wickeln.

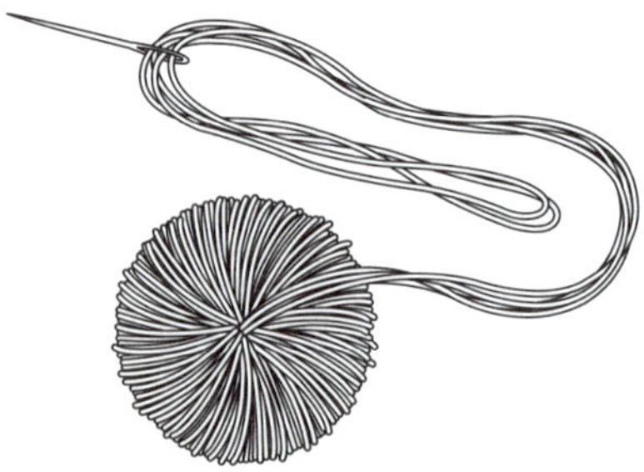

3 So lange weiterwickeln, bis das Loch in der Mitte geschlossen ist. Wenn es zu eng wird, den Faden durch eine Wollnadel fädeln und damit weiterwickeln.

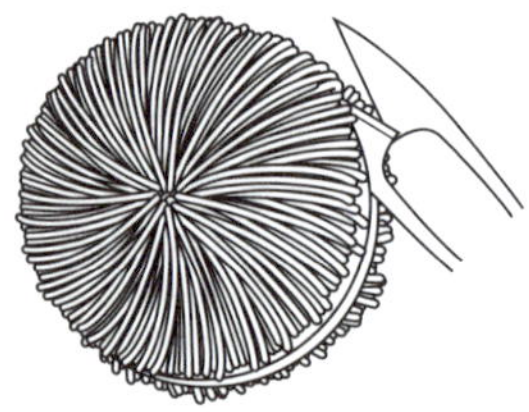

4 Die Spitze eines Scherenblatts zwischen die beiden Pappscheiben schieben und Stück für Stück rundherum alle Fäden durchschneiden.

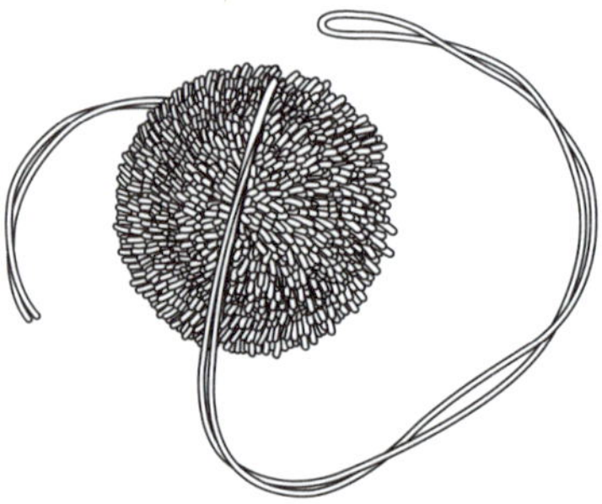

5 Einen zweiten, doppelt genommenen Faden zwischen die Schablonen schieben und fest um die Fäden knoten.

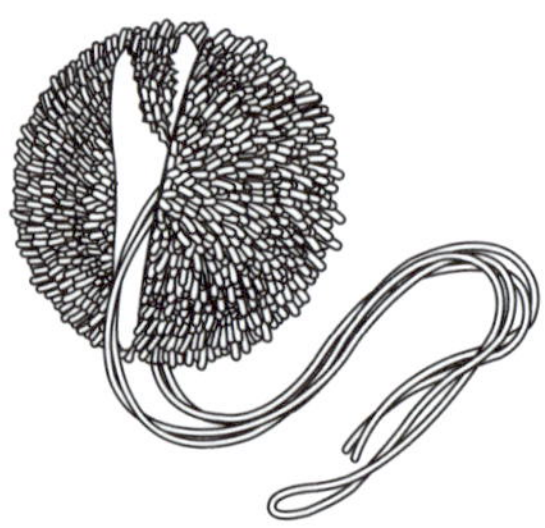

6 Die Schablonen entfernen.

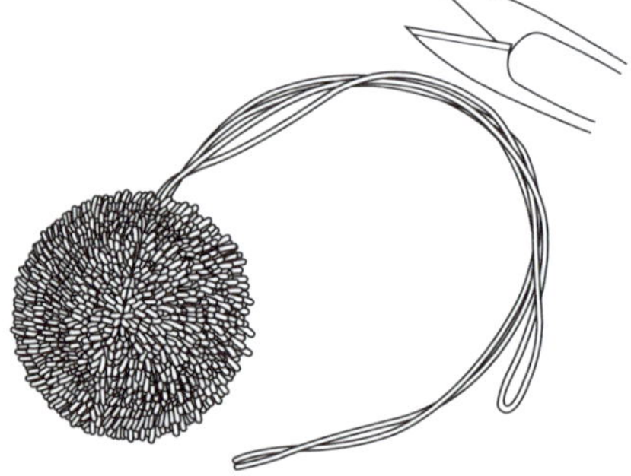

7 Zum Schluss noch herausstehende Fadenenden abschneiden, bis eine schöne runde Form entsteht.

Earflaps Bofura

Mütze mit Ohrenklappen und Schalmütze mit Ohrenklappen – Nr. 1, Nr. 2, Nr. 3, Nr. 4, Nr. 5, Nr. 6, Nr. 8 (S. 6–9, 11)

Bei diesem Muster aus rechten und linken Maschen entsteht ganz von selbst eine Mütze mit Ohrenklappen. Um die Größe anzupassen, brauchen Sie die Maschenzahl nicht zu verändern – passen Sie einfach die Rundenzahl oder die Stärke der Wolle oder Nadeln an. Bei Nr. 8 wird die Mütze im einfachen Rippenmuster zu einem Schal verlängert.

Wolle: Nr. 1: Puppy British Eroika, in Grau (146), 95 g
Nr. 2: Puppy Multico, Regenbogengarn in Pink/Grün (576), 65 g
Nr. 3: Olympus Make Make Tomato, Regenbogengarn in Blau/Grün/Weiß (207), 50 g
Nr. 4: Olympus Make Make Tomato, Regenbogengarn in Pink/Grün/Weiß (206), 45 g
Nr. 5: Puppy Multico, Regenbogengarn in Pink/Beige (573), 60 g
Nr. 6: Puppy Multico, Regenbogengarn in Türkis/Grün (574), 65 g
Nr. 8: Olympus Make Make, Regenbogengarn in Pink/Blau/Grün (27)
Nadeln: Nr. 1: Nadelspiel/Rundnadel Stärke 4,5
Nr. 2, Nr. 3, Nr. 5, Nr. 6, Nr. 8: Nadelspiel/Rundnadel Stärke 4
Nr. 4: Nadelspiel/Rundnadel Stärke 3,5
Zubehör: Maschenstopper, Wollnadel
Maschenprobe: Nr. 1: 20 M x 24 R = 10 x 10 cm
Nr. 2, Nr. 5, Nr. 6: 22 M x 27 R = 10 x 10 cm
Nr. 3, Nr. 8: 23 M x 30 R = 10 x 10 cm
Nr. 4: 26 M x 33 R = 10 x 10 cm
Maße: Nr. 1: 48 cm, Höhe 27,5 cm
Nr. 2, Nr. 5, Nr. 6: 44 cm, Höhe 24 cm
Nr. 3: 42 cm, Höhe 22 cm
Nr. 4: 36 cm, Höhe 20 cm
Nr. 8: 42 cm, Länge 88 cm

Strickanleitung
Im elastischen Maschenanschlag (siehe S. 52) 96 M anschlagen und zur Rd schließen. Nach dem Strickdiagramm 66 Rd im Muster stricken, dabei gleichzeitig die nötigen Abnahmen durchführen. Nr. 8 bis zur 60. Rd ebenso stricken, dann über die verbleibenden 48 M im einfachen Rippenmuster (1 M re, 1 M li) 199 Rd stricken. Über die letzten 5 Rd die mit ★ bezeichneten Abnahmen durchführen.
Den Faden durch die letzten 6 M führen und zuziehen.
Eine Bommel (Nr. 3: 3 cm Durchmesser, Nr. 5, Nr. 6, Nr. 8: 4 cm Durchmesser) herstellen (siehe S. 54) und annähen.

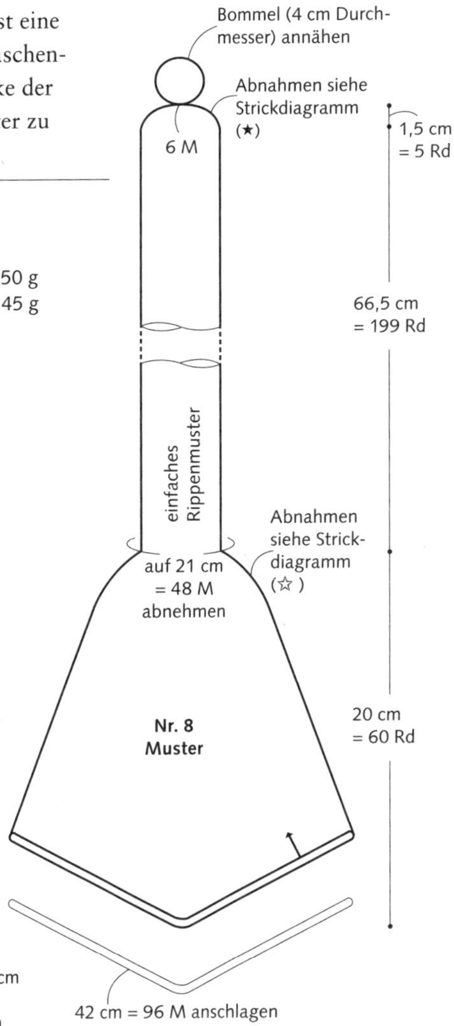

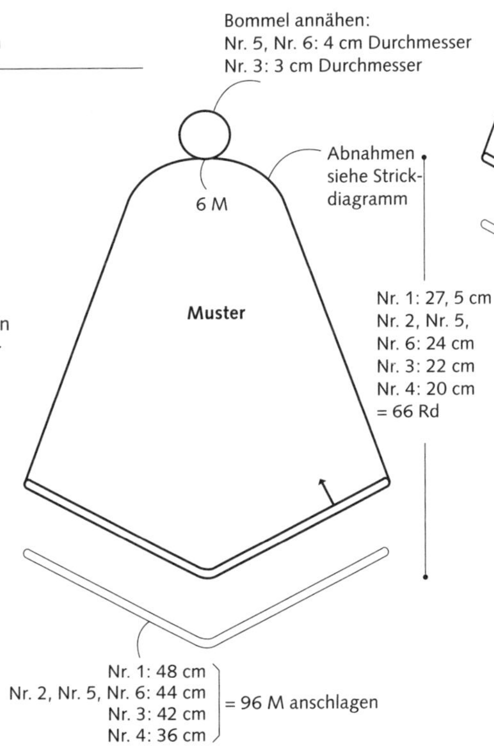

Wenn Sie die Mütze größer stricken möchten, finden Sie unter www.stiebner.com/errata/2093-5.html eine kurze Erklärung und ein Chart dafür.

Strickdiagramm: Muster und Abnahmen

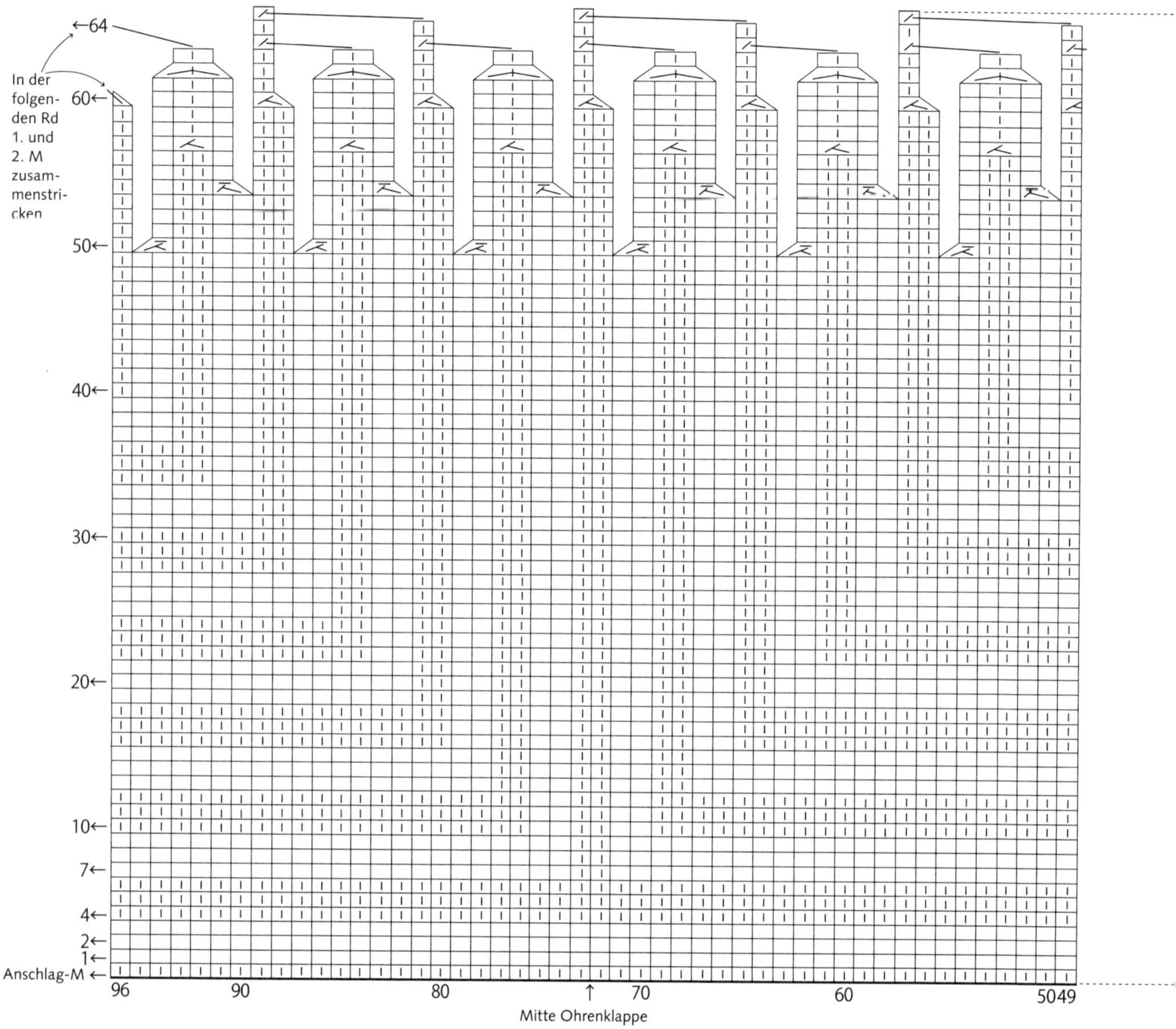

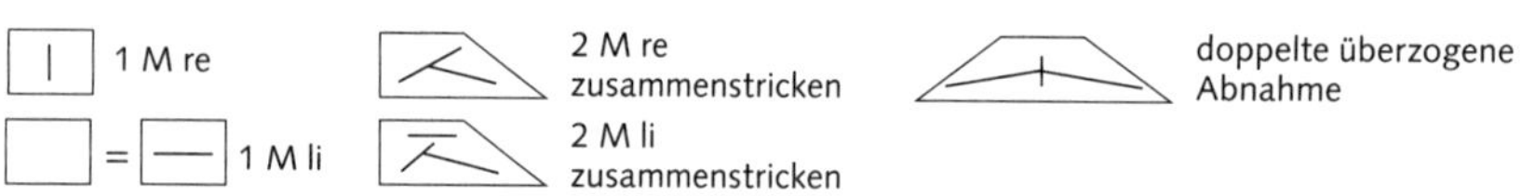

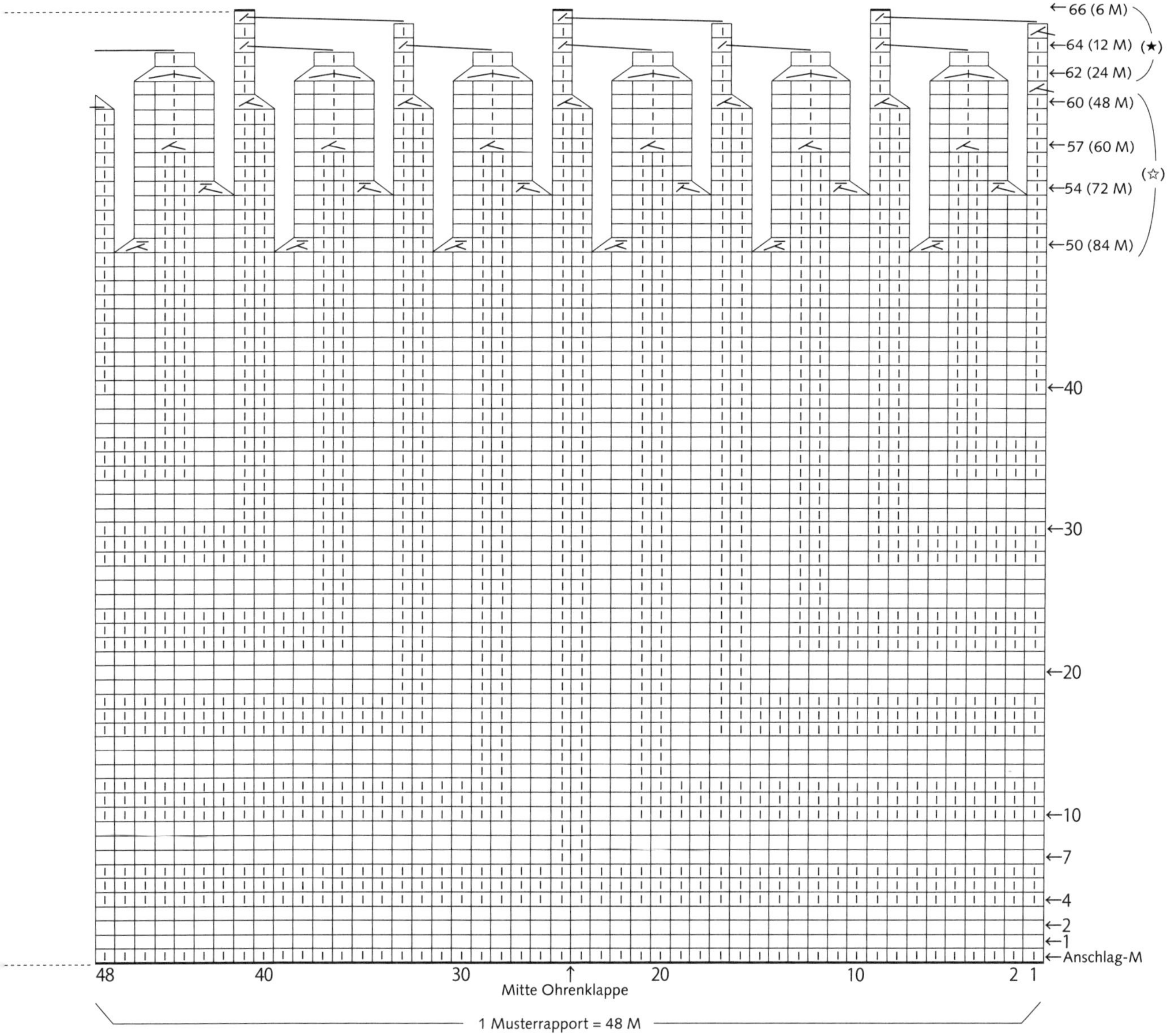
←66 (6 M)
←64 (12 M) (★)
←62 (24 M)
←60 (48 M)
←57 (60 M)
(☆)
←54 (72 M)
←50 (84 M)
←40
←30
←20
←10
←7
←4
←2
←1
←Anschlag-M
48
40
30
20
10
2 1
Mitte Ohrenklappe
1 Musterrapport = 48 M

Spiral Bofura

Schalmütze mit Spiralmuster – Nr. 7 (S. 10)

Diese Schalmütze wird nach demselben Prinzip gestrickt wie meine Spiralsocken.

Wolle: Schoppel Zauberball, Regenbogengarn Streiflichter (2357), 155 g
Nadeln: Nadelspiel/Rundnadel Stärke 3,5
Zubehör: Maschenstopper, Wollnadel
Maschenprobe: 23 M x 29 R im Spiralmuster = 10 x 10 cm
Maße: Kopfumfang 42 cm, Länge 100 cm

Strickanleitung
Im elastischen Maschenanschlag (siehe S. 52) 96 M anschlagen und zur Rd schließen. Für den Randumschlag 14 Rd im einfachen Rippenmuster stricken, 1 Rd glatt re, 14 Rd im einfachen Rippenmuster. 1 Rd glatt re stricken, dann weitere 28 Rd im Spiralmuster fortfahren, wie im Strickdiagramm angegeben (4 M re, 4 M li im Wechsel), dabei gleichzeitig die nötigen Abnahmen durchführen. Den Schalteil im Spiralmuster (4 M re, 2 M li im Wechsel) über 240 Rd stricken und dabei die Abnahmen durchführen, wie im Strickdiagramm angegeben. Den Faden durch die letzten 12 M führen und zuziehen. Eine Bommel mit 4 cm Durchmesser herstellen (siehe S. 54) und annähen.

Strickdiagramm: Spiralmuster und Abnahmen

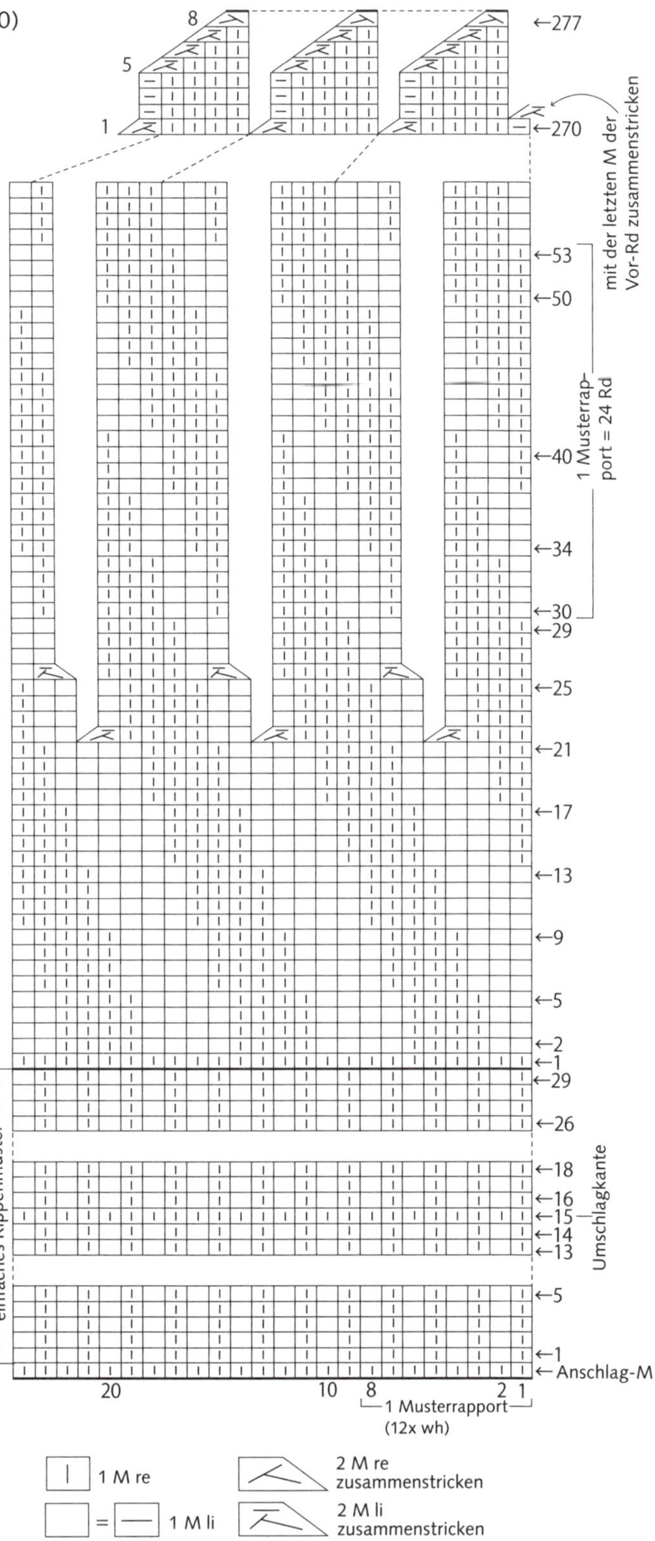

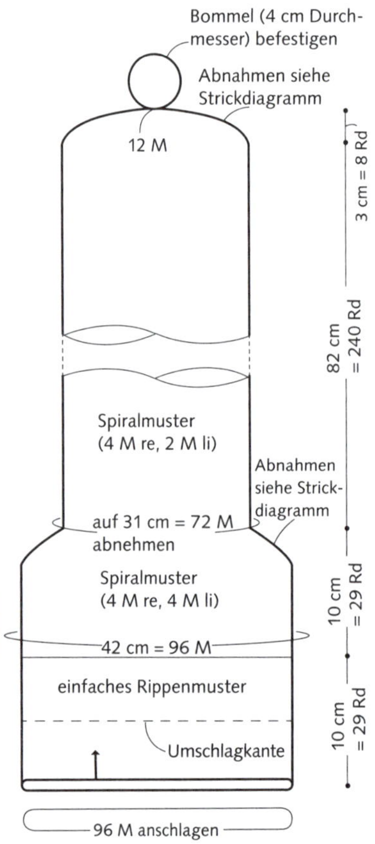

Hier habe ich mit NORO-Regenbogengarn die Mütze nachgestrickt, die ich mit zehn so gern trug.

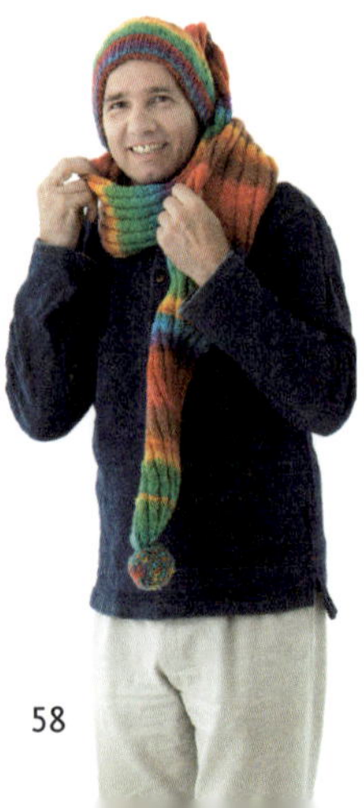

Galaxy Hat

Mütze mit Wirbelmuster – Nr. 12, Nr. 13 (S. 14/15)

Der Strudel aus dicken Strängen entsteht nur durch Zusammenstricken und Umschläge.

Wolle: DARUMA Geek, 55 g; Nr. 12: Blau/Chromgelb (2), Nr. 13: Olivgrün/Koralle (1)
Nadeln: Nadelspiel/Rundnadel Stärke 4
Zubehör: Maschenstopper, Wollnadel
Maschenprobe: 20 M x 28 R im Muster = 10 x 10 cm
Maße: Kopfumfang 52 cm, Höhe 20 cm

Strickanleitung
Im elastischen Maschenanschlag (siehe S. 52) 96 M anschlagen und zur Rd schließen. Für den Randumschlag 10 Rd im doppelten Rippenmuster stricken, 1 Rd glatt re, 10 Rd im doppelten Rippenmuster. 24 Rd im Muster stricken, dabei die Zu- und Abnahmen nach dem Strickdiagramm durchführen. Anschließend wie im Strickdiagramm fortfahren und nur noch Abnahmen durchführen. Den Faden durch die letzten 8 M führen und zuziehen. Eine Bommel mit 4 cm Durchmesser herstellen (siehe S. 54) und annähen.

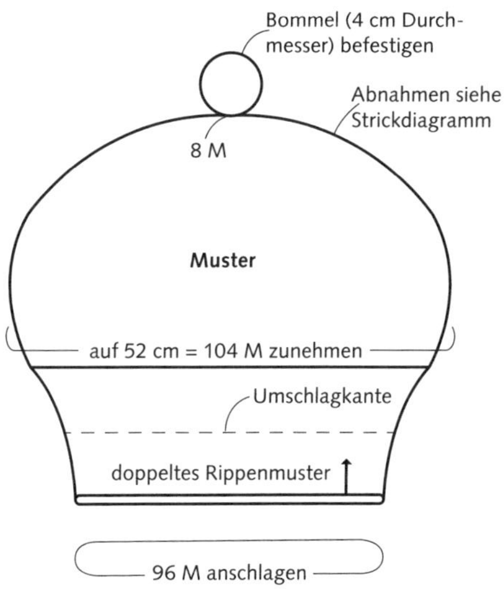

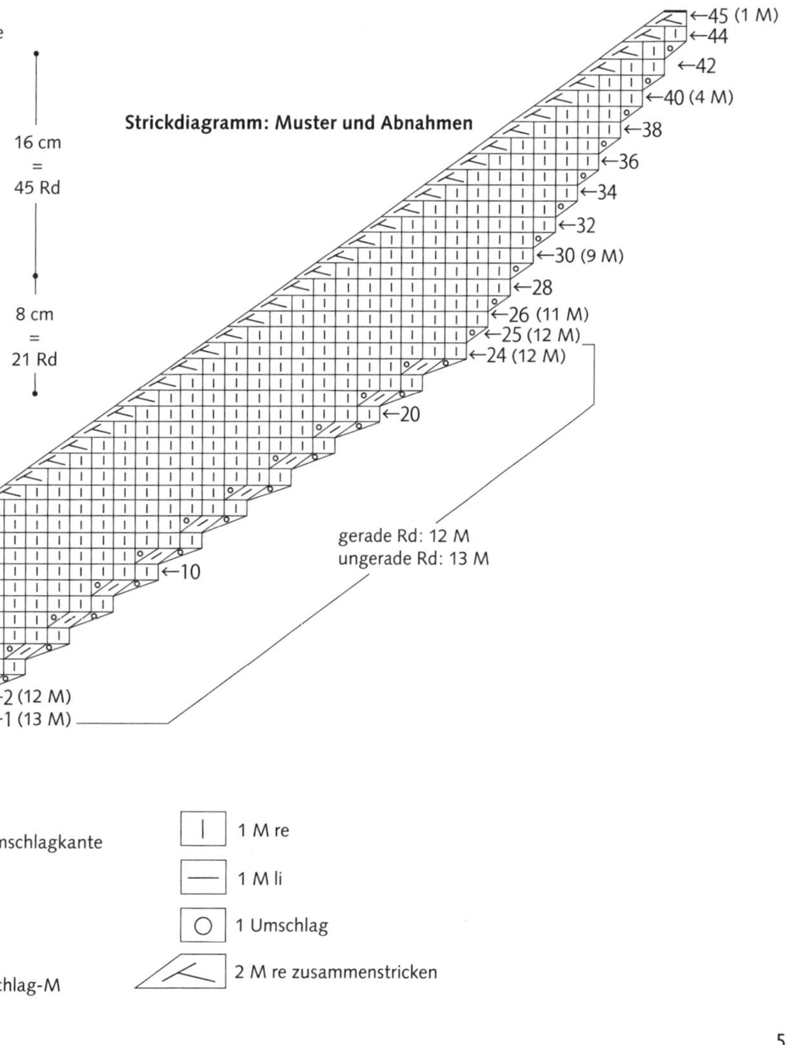
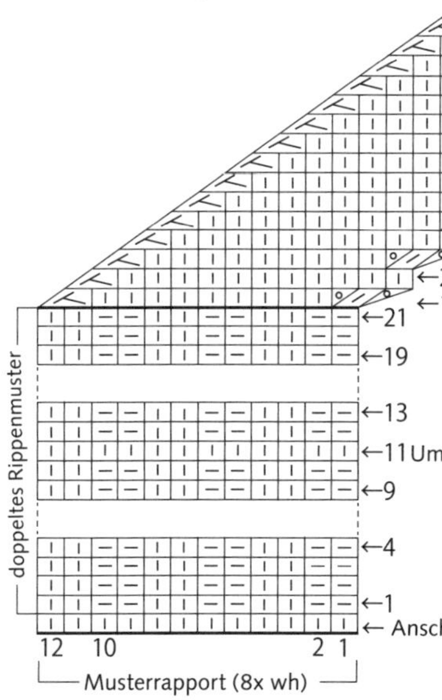

Cable

Mütze mit Zopfmuster – Nr. 9 (S. 12)

Diese Mütze wird vom Scheitelpunkt zum Rand hin gestrickt. Nach den Zunahmen folgt ein gerader Teil, der sich beliebig verlängern oder verkürzen lässt, damit die Mütze wie angegossen passt.

Wolle: Ski Tasmanian Polwarth, Khaki (7021), 45 g
Nadeln: Nadelspiel/Rundnadel Stärke 3
Zubehör: Maschenstopper, Wollnadel, Zopfmusternadel
Maschenprobe: 27 M x 42 R im Muster = 10 x 10 cm
Maße: Kopfumfang 52 cm, Höhe 19 cm

Strickanleitung
Im elastischen Maschenanschlag (siehe S. 52) 8 M anschlagen und zur Rd schließen. Für die Spitze 9 Rd glatt re stricken, dann nach dem Strickdiagramm 68 Rd im Muster (Zopfmuster und Perlmuster) stricken, dabei gleichzeitig die KFB-Zunahmen (siehe S. 53) durchführen. Anschließend für den Rand nach dem Strickdiagramm 12 Rd im Zopfmuster und einfachen Rippenmuster stricken. Isländisch abketten (siehe S. 53).

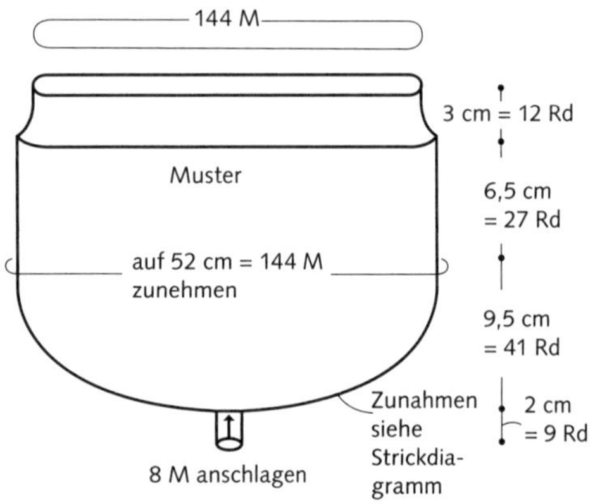

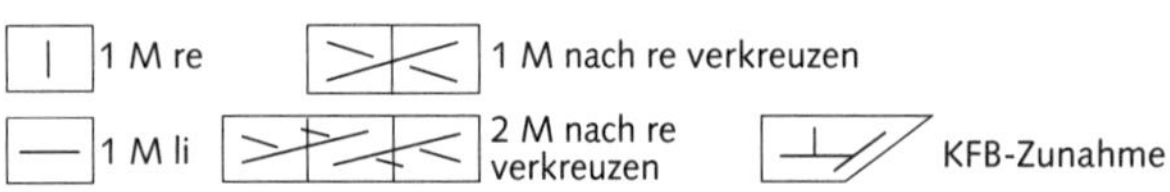

Strickdiagramm: Muster und Zunahmen

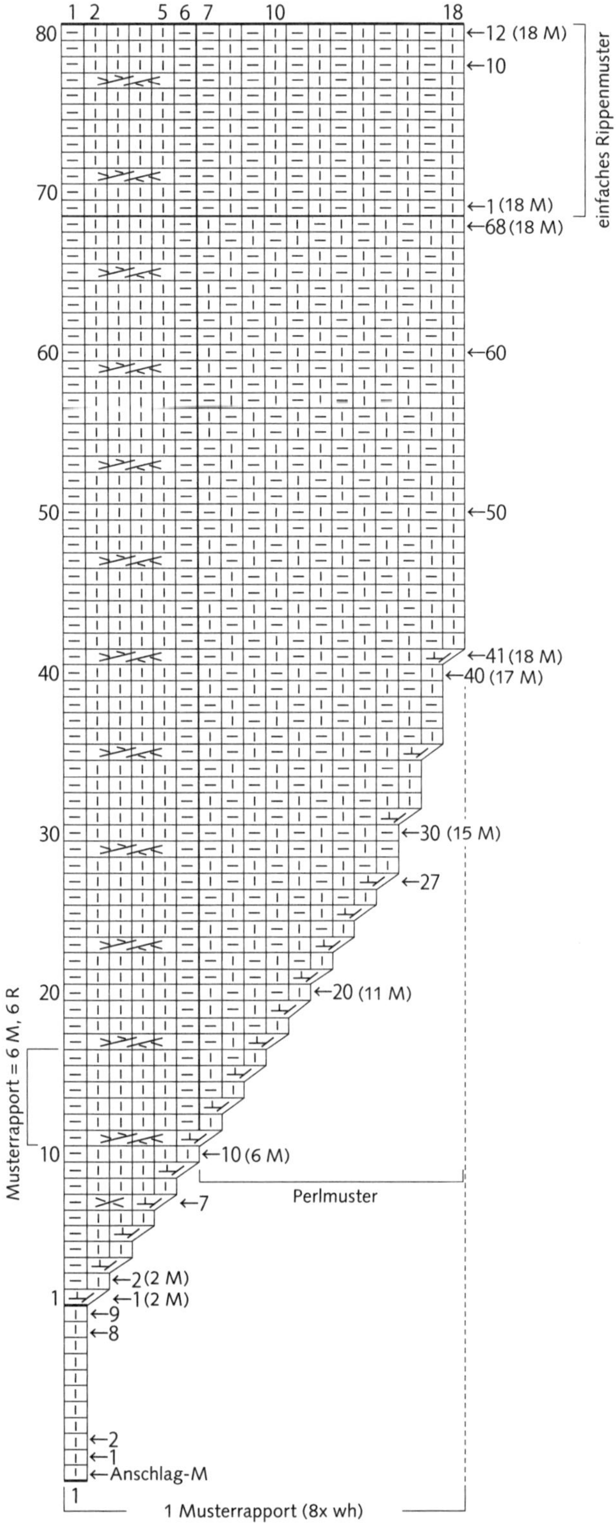

Cable

Strickdiagramm: Muster, Zu- und Abnahmen

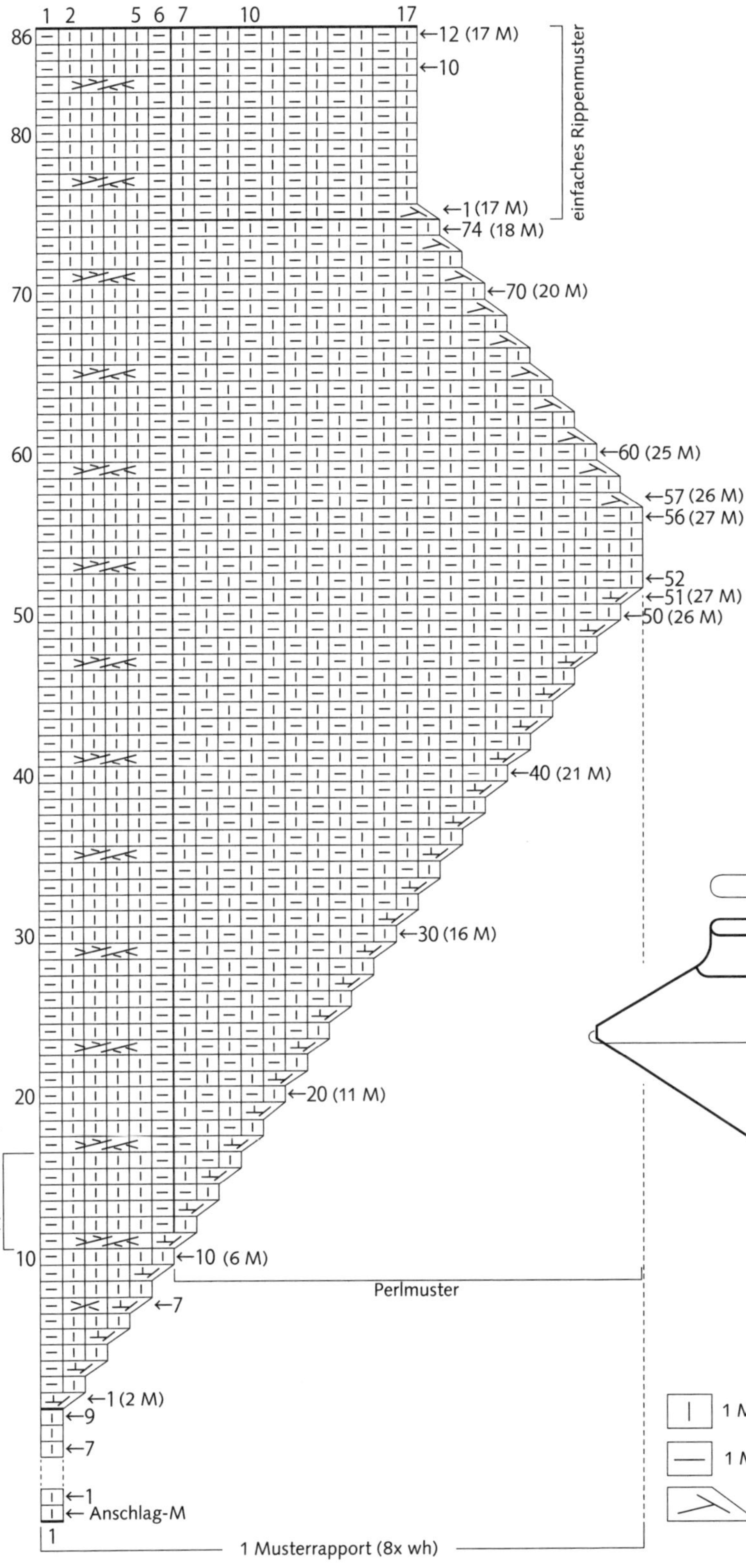

Baskenmütze mit Zopfmuster – Nr. 10, Nr. 11 (S. 12/13)

Bei dieser Baskenmütze entsteht aus Zopf- und Perlmuster ein achtarmiger Strudel.

Wolle: Ski Tasmanian Polwarth, 55 g
Nr. 10: Grau (7003), Nr. 11: Natur (7002)
Nadeln: Nadelspiel/Rundnadel Stärke 3
Zubehör: Maschenstopper, Wollnadel, Zopfmusternadel
Maschenprobe: 27 M x 42 R im Muster = 10 x 10 cm
Maße: Kopfumfang 49,5 cm, Höhe 20 cm

Strickanleitung

Im elastischen Maschenanschlag (siehe S. 52) 8 M anschlagen und zur Rd schließen. Für die Spitze 9 Rd glatt re stricken, dann nach dem Strickdiagramm 51 Rd im Muster (Zopfmuster und Perlmuster) stricken, dabei gleichzeitig die KFB-Zunahmen (siehe S. 53) durchführen. 5 Rd ohne Zu- und Abnahmen stricken, ab der 57. Rd die Abnahmen durchführen, wie im Strickdiagramm angegeben. Anschließend für den Rand 12 Rd im Zopfmuster und einfachen Rippenmuster stricken. Isländisch abketten (siehe S. 53).

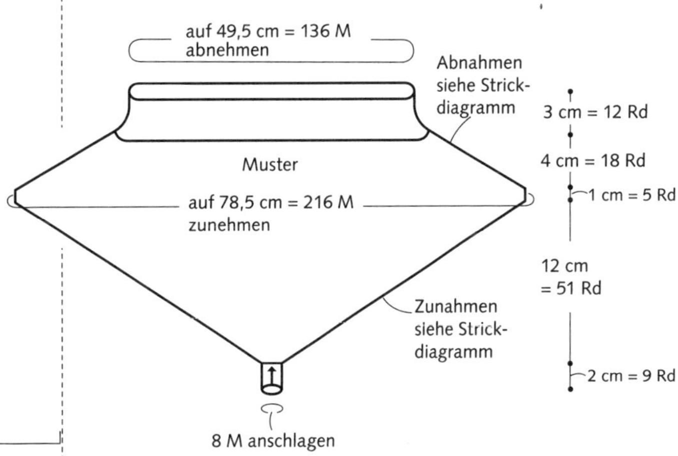

- 1 M re
- 1 M li
- 2 M überzogen re zusammenstricken
- 1 M nach re verkreuzen
- 2 M nach re verkreuzen
- KFB-Zunahme

Honeycomb

Mütze mit Wabenmuster – Nr. 23, Nr. 25 (S. 24/25)

Das Wabenmuster in diesem Modell entsteht durch verkreuzte Maschen und gehört zu den Aran-Mustern.

Wolle: Nr. 23: Puppy British Eroika, Beige (134), 90 g; Nr. 24: Puppy Shetland, Senf (2), 55 g
Nadeln: Nr. 23: Nadelspiel/Rundnadeln Stärke 5; Nr. 24: Nadelspiel/Rundnadeln Stärke 3,5
Zubehör: Maschenstopper, Wollnadel, Zopfmusternadel
Maschenprobe: Nr. 23: 24 M x 28 R im Muster = 10 x 10 cm; Nr. 24: 30 M x 31 R im Muster = 10 x 10 cm
Maße: Nr. 23: Kopfumfang 50 cm, Höhe 21,5 cm, Nr. 24: Kopfumfang 40 cm, Höhe 19 cm

Strickanleitung

Im elastischen Maschenanschlag (siehe S. 52) 100 M anschlagen, zur Rd schließen und über 5 Rd einfaches Rippenmuster stricken. In der 1. Muster-Rd mit verschränkten Zunahmen auf 120 M zunehmen, wie im Strickdiagramm angegeben, dann bis zur 33. Rd ohne Zu- und Abnahmen im Muster stricken. Bis zur 53. Rd im Muster weiterstricken, dabei die Abnahmen durchführen, wie im Strickdiagramm angegeben. Den Faden durch die letzten 10 M führen und zuziehen. Eine Bommel mit 4 cm Durchmesser herstellen (siehe S. 54) und annähen.

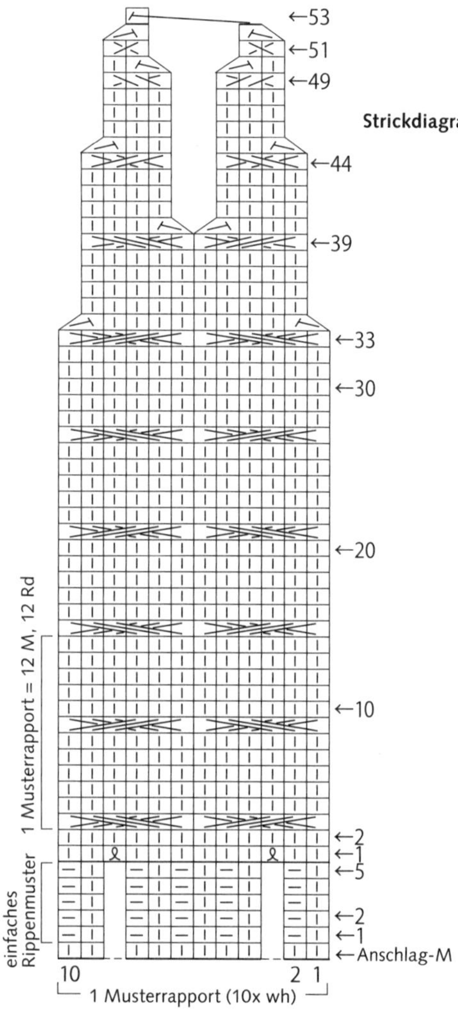

Strickdiagramm: Muster und Abnahmen

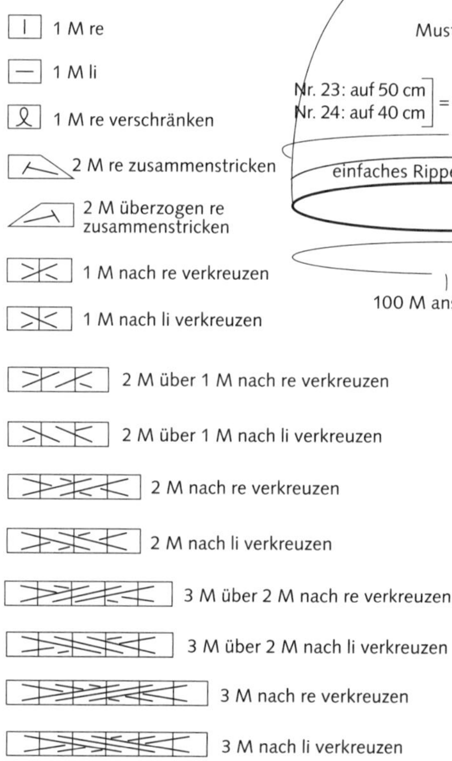

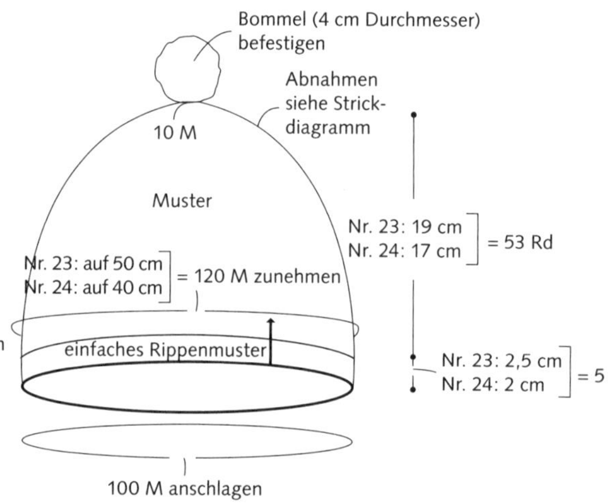

Galaxy Beret

Baskenmütze mit Wirbelmuster – Nr. 14, Nr. 16 (S. 16/17)

Wie beim Snood (Nr. 15) entsteht das Muster bei dieser Baskenmütze durch zusammengestrickte Maschen und Umschläge.

Wolle: Schoppel Gradient, 75 g
Nr. 14: Grauzone (2246), Nr. 16: Hinterm Horizont (2198)
Nadeln: Nadelspiel/Rundnadeln Stärke 4
Zubehör: Maschenstopper, Wollnadel
Maschenprobe: 18 M x 28 R im Muster = 10 x 10 cm
Maße: Kopfumfang 52 cm, Höhe 26 cm

Strickanleitung
Im elastischen Maschenanschlag (siehe S. 52) 96 M anschlagen und zur Rd schließen. 20 Rd im doppelten Rippenmuster stricken. Im Muster weiterstricken, dabei die Zu- und Abnahmen nach dem Strickdiagramm durchführen. Den Faden durch die letzten 8 M führen und zuziehen.
Eine Bommel (Nr. 14: 4 cm Durchmesser, Nr. 16: 5 cm Durchmesser) herstellen (siehe S. 54) und annähen.

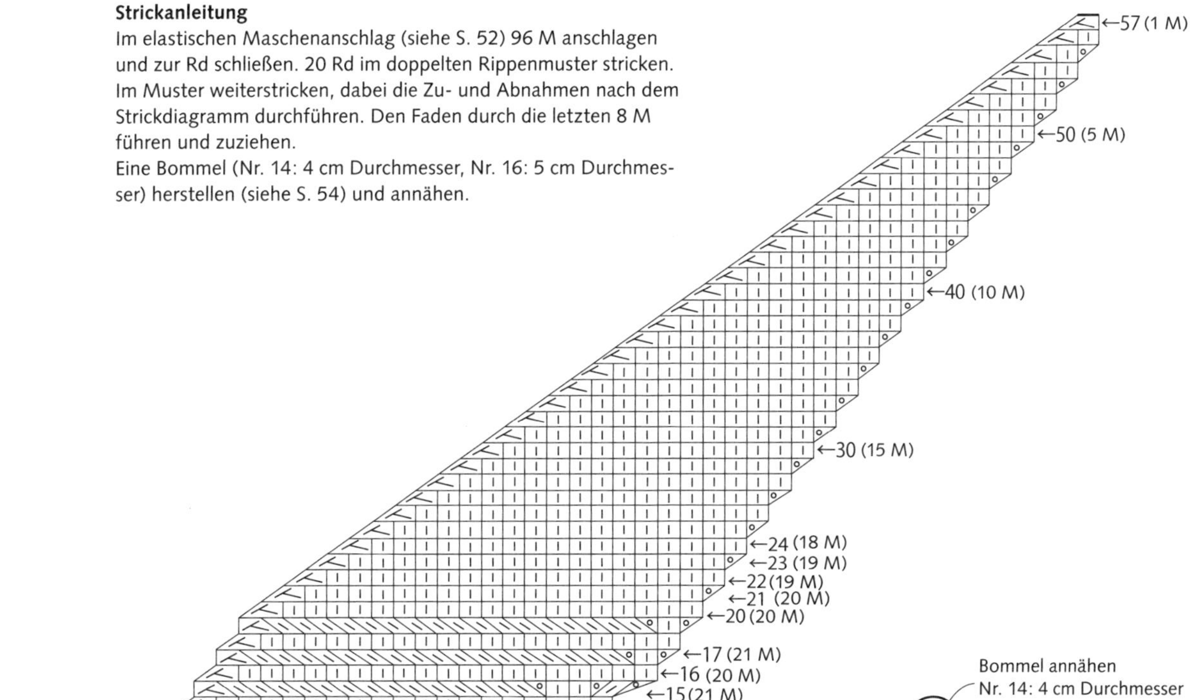
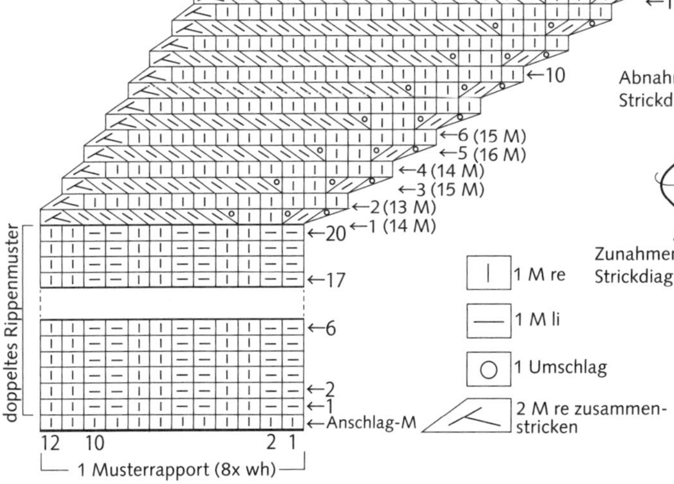

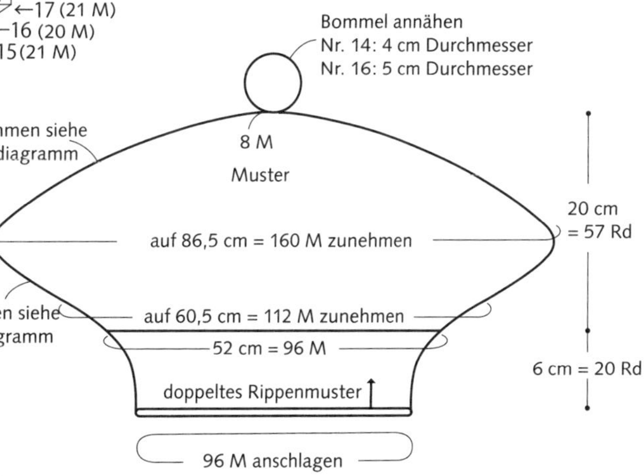

Galaxy Snood

Snood mit Wirbelmuster – Nr. 15 (S. 16)

Passender Snood zu Nr. 14. Man kann auf die angegebene Weise auch noch mehr Maschen zunehmen und den Kapuzenteil so verlängern.

Wolle: Schoppel Gradient, Grauzone (2246), 170 g
Nadeln: Nadelspiel/Rundnadeln Stärke 4
Zubehör: Maschenstopper, Wollnadel
Maschenprobe: 18 M x 28 R im Muster = 10 x 10 cm
Maße: Halsumfang 52 cm, Länge 47 cm

Strickanleitung
Im elastischen Maschenanschlag (siehe S. 52) 96 M anschlagen und zur Rd schließen. 6 Rd kraus re stricken, dann bis zur 72. Rd im Muster fortfahren (siehe Strickdiagramm). Bis zur 122. Rd weiterstricken, dabei die Zunahmen nach dem Strickdiagramm durchführen. 6 Rd kraus re stricken und isländisch abketten (siehe S. 53).

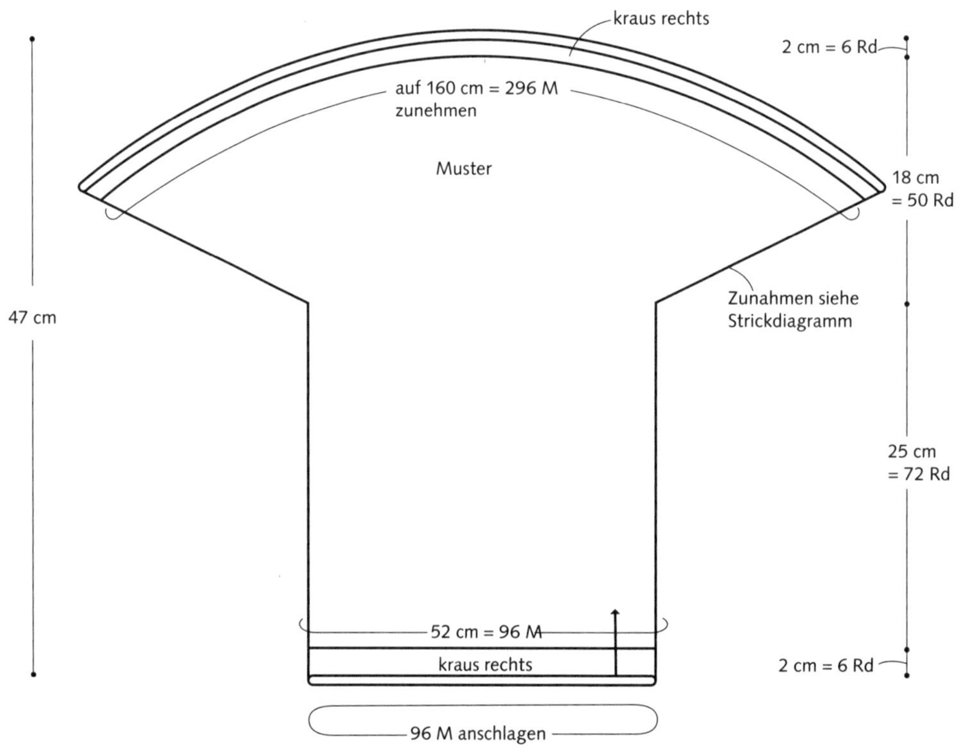

Strickdiagramm: Muster und Zunahmen

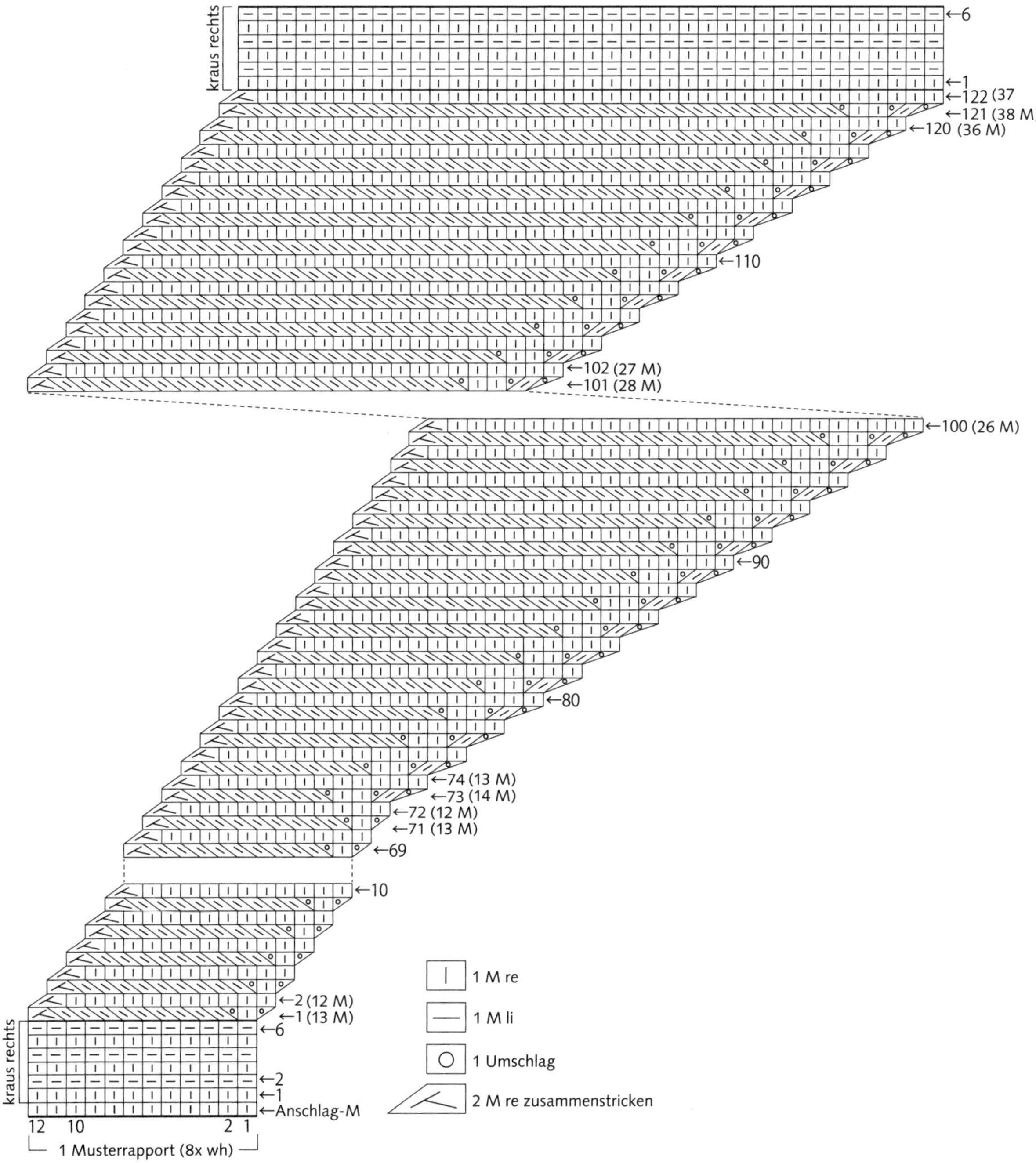

Aster Stitch

Mütze mit Sternenmuster – Nr. 17, Nr. 18 (S. 18/19)

Bei Nr. 17 wird das Sternenmuster elegant mit einem Rippenmuster kombiniert, die Abnahmen finden im Rippenteil statt. Bei Nr. 18 wird die Maschenzahl im Sternenmuster verringert; sie sitzt etwas lockerer.

Wolle: Farbe a: Yanagiyarn Bloom, 45 g; Nr. 17: Grau (14), Nr. 18: Gelb (3)
Farbe b: Schoppel Edition 3, Nr. 17: Wärmebild (2299), 20 g
Nr. 18: Ipanema Beach (2333), 45 g
Nadeln: Nadelspiel/Rundnadel Stärke 3,5
Zubehör: Maschenstopper, Wollnadel
Maschenprobe: 24 M x 31 R im Muster = 10 x 10 cm
Maße: Kopfumfang 50 cm, Länge Nr. 17: 24,5 cm, Nr. 18: 26 cm

Strickanleitung
Im elastischen Maschenanschlag (siehe S. 52) in Farbe a 120 M anschlagen und zur Rd schließen. Für Nr. 17 20 Rd, für Nr. 18 12 Rd im Rippenmuster (3 M re, 3 M li) stricken, anschließend für Nr. 17 28 Rd, für Nr. 18 40 Rd im Sternenmuster über 5 M stricken. Fortfahren wie im Strickdiagramm auf S. 68 angegeben: Für Nr. 17 zum Rippenmuster wechseln und bis zur 52. Rd stricken, dabei die Abnahmen nach dem Diagramm durchführen. Für Nr. 18 zum Sternenmuster über 3 M wechseln und bis zur 66. Rd stricken, dabei die Abnahmen nach dem Diagramm durchführen. Für Nr. 17 den Faden durch die letzten 10 M führen und zuziehen. Für Nr. 18 über die letzten 20 M jeweils 2 M re zusammenstricken, dann den Faden durch die letzten 10 M führen und zuziehen.
Eine Bommel in Farbe b herstellen (Nr. 17: 3 cm Durchmesser, Nr. 18: 6 cm Durchmesser, siehe S. 54) und annähen.

Anleitung: Sternenmuster (in Runden) siehe Diagramm auf S. 67

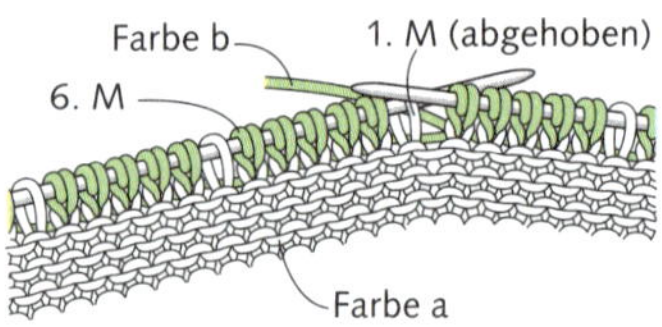

1
1. Rd in Farbe a li stricken.
2. Rd in Farbe b wie folgt stricken: *1 M li abh, wie zum Rechtsstricken in die 2. M einstechen, Faden 2x um die rechte Nadel wickeln, Faden durchholen, mit der 3. bis 6. M ebenso verfahren*. Von * bis * stets wh.

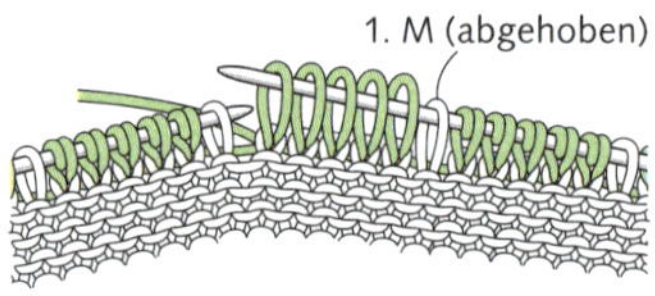

2
In der 3. Rd 1 M li abh, die doppelte Wicklung der 2. bis 6. M auflösen und den Faden lang auf die rechte Nadel nehmen.

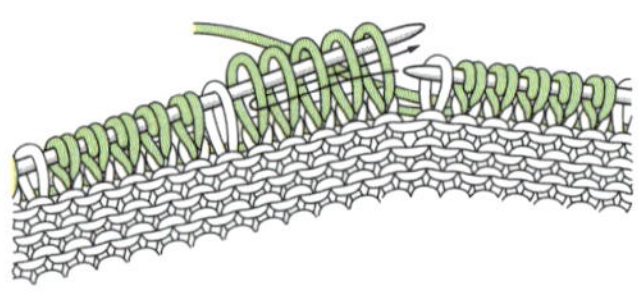

3
2. bis 6. M auf die linke Nadel schieben, die rechte Nadel in Pfeilrichtung von links wie zum Zusammenstricken durch alle 5 M stechen.

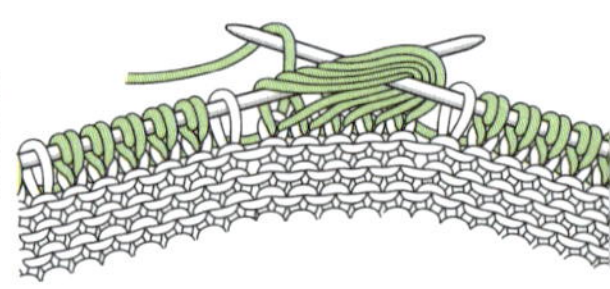

4
Aus diesen 5 M nach der Anleitung auf S. 93 5 neue M herausstricken.

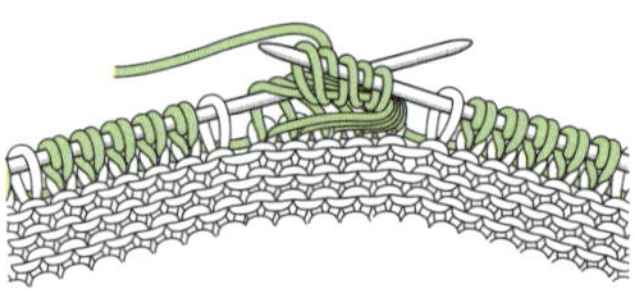

5
5 M (1 M re, 1 U, 1 M re, 1 U, 1 M re) herausstricken und die 5 alten M von der linken Nadel gleiten lassen. Schritt 2 bis 5 stets wh.

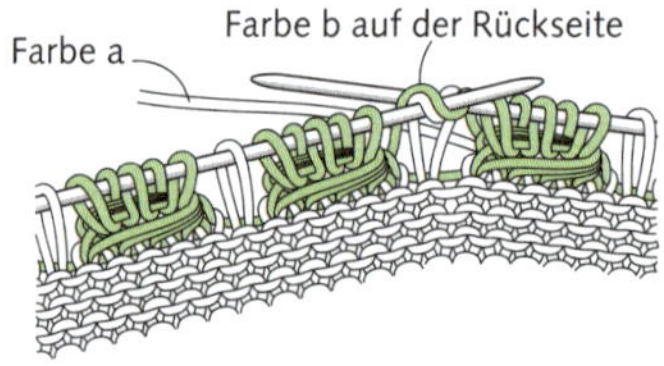

6
4. Rd in Farbe a wie folgt stricken: *abgehobene M zusammen mit dem dahinterliegenden Faden der Farbe b re abstricken, 2. bis 6. M re stricken*. Von * bis * stets wh.

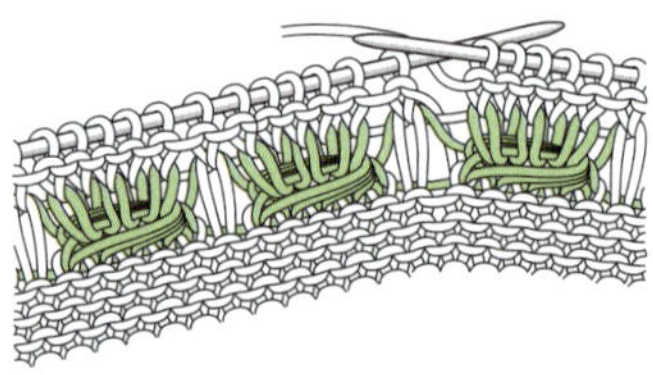

7
5. Rd in Farbe a li stricken. Hier wurde 1 Musterrapport über 4 Rd gestrickt.

8
In der 6. Rd den Musterbeginn verschieben. Dazu die ersten 3 M auf die rechte Nadel nehmen, ohne sie abzustricken und das Muster ab diesem Ausgangspunkt stricken, wie in Schritt 1 bis 7 angegeben. Alle 4 Rd den Rd-Anfang bis zur nächsten abgehobenen M versetzen.

Strickdiagramm: Rippenmuster und Sternenmuster über 5 Maschen

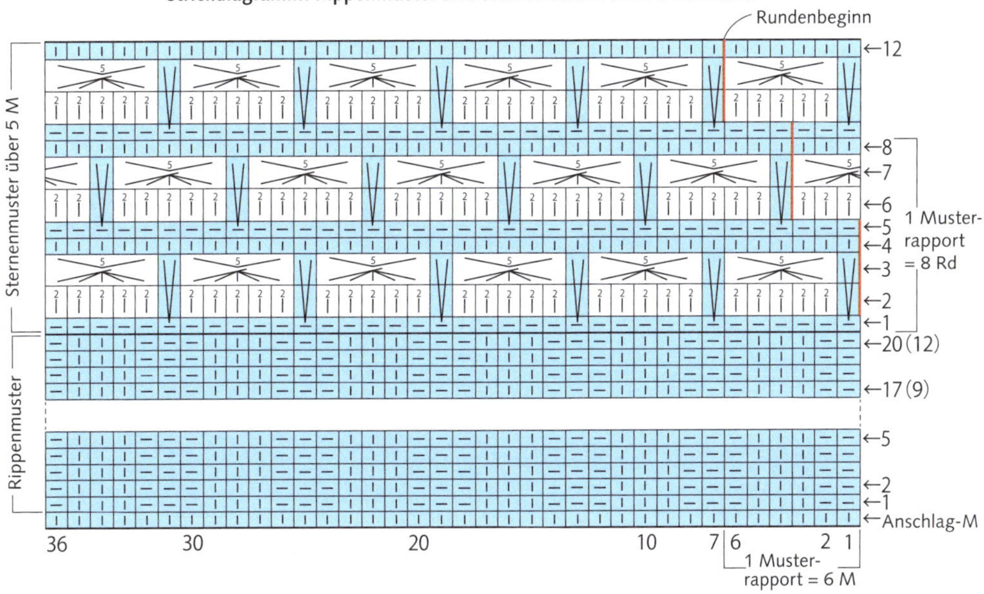

✻ Zahlen in Klammern gelten für Nr. 18

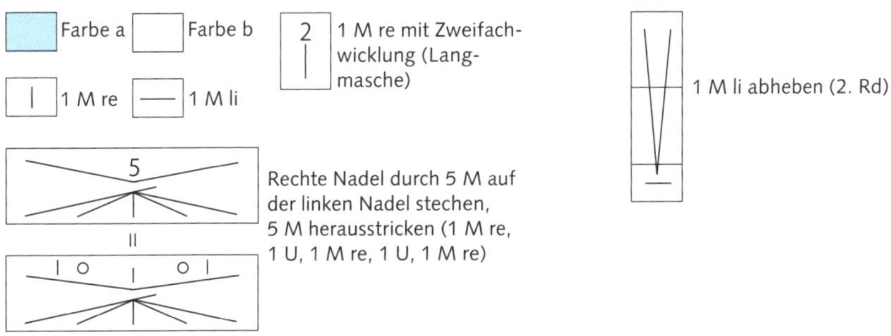

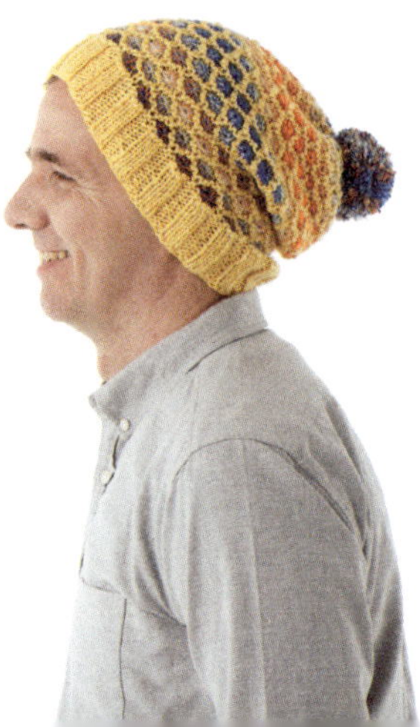

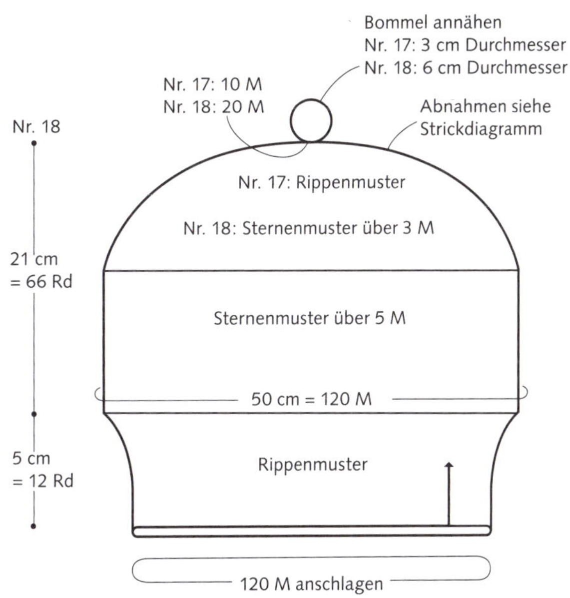

Mütze mit Sternenmuster – Nr. 17, Nr. 18 (S. 18/19)

Nr. 17: Abnahmen

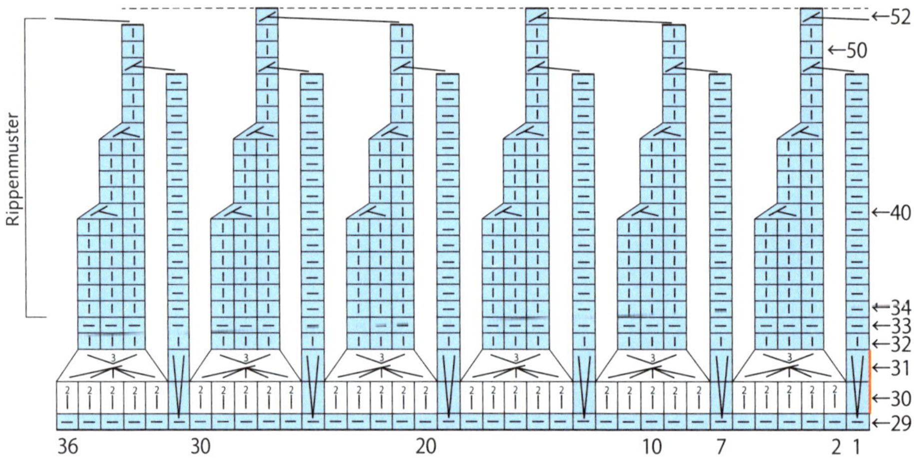

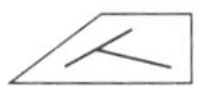 2 M re zusammenstricken

Nr. 18: Abnahmen

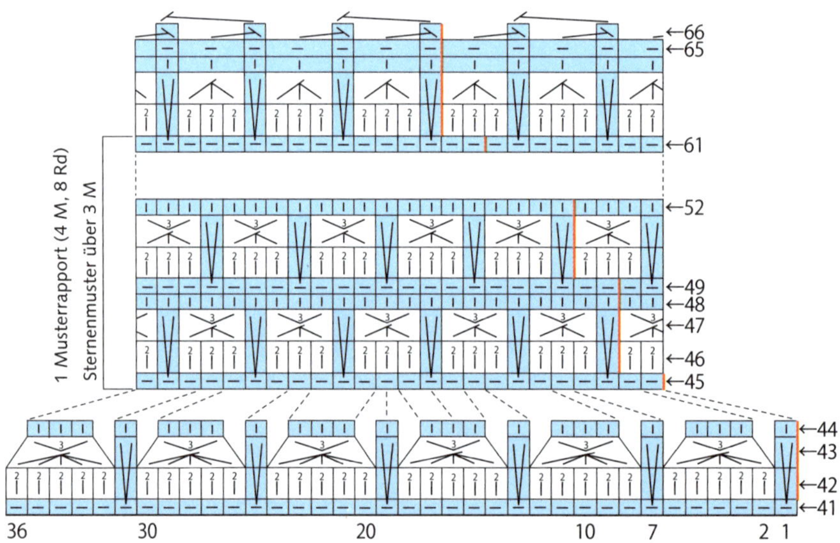

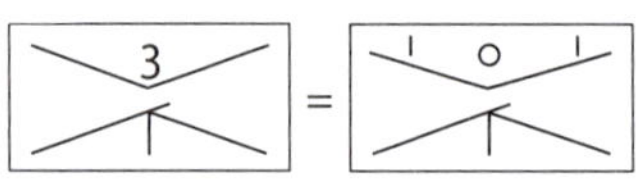 Rechte Nadel durch 3 M auf der linken Nadel stechen, 3 M herausstricken (1 M re, 1 U, 1 M re)

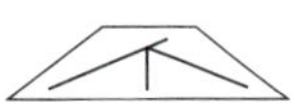 3 M re zusammenstricken

Yosefine

Mütze mit falschem Zopfmuster – Nr. 33, Nr. 34, Nr. 35 (S. 34/35)

Durch rechte Maschen zwischen zusammengestrickten Maschen und Umschlägen entsteht hier ein Muster, das an geflochtene Zöpfe erinnert. Beim Nachstricken mit dicker Wolle wird die Größe angepasst, indem man die Anzahl der Musterwiederholungen verringert.

Wolle: Olympus Tree House Palace, 60 g
Nr. 33: Gelb (404), Nr. 34: Grün (415)
Nr. 35: Yanagiyarn Bloom, Orange (4), 50 g
Nadeln: Nr. 33, Nr. 34: Nadelspiel/Rundnadel Stärke 3,5
Nr. 35: Nadelspiel/Rundnadel Stärke 4
Zubehör: Maschenstopper, Wollnadel
Maschenprobe: Nr. 33, Nr. 34: 26 M x 36 Rd = 10 x 10 cm
Nr. 35: 21 M x 32 Rd = 10 x 10 cm
Maße: Kopfumfang 46 cm, Länge 20 cm

Strickanleitung
Im elastischen Maschenanschlag (siehe S. 52) für Nr. 33 und Nr. 34 120 M, für Nr. 35 96 M anschlagen und zur Rd schließen. 7 Rd im Rippenmuster (3 M re, 3 M li im Wechsel) stricken, dann für Nr. 33 und Nr. 34 48 Rd, für Nr. 35 40 Rd im Muster stricken. Über 13 Rd im Muster fortfahren, dabei die Abnahmen durchführen, wie im Strickdiagramm angegeben. Den Faden durch die letzten M führen und zuziehen. Eine Bommel (Nr. 33, Nr. 34: 4 cm Durchmesser, Nr. 35: 3 cm Durchmesser) herstellen (siehe S. 54) und annähen.

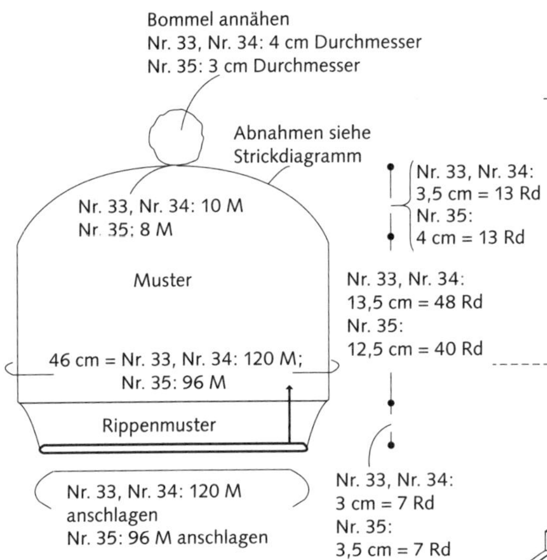

Strickdiagramm: Muster und Abnahmen

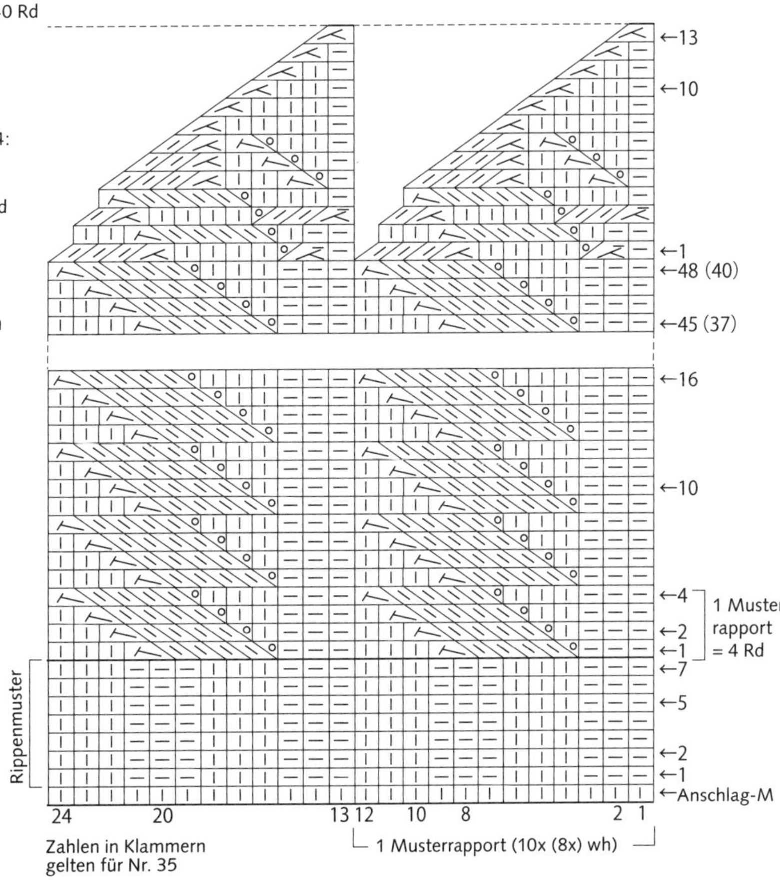

Zahlen in Klammern gelten für Nr. 35

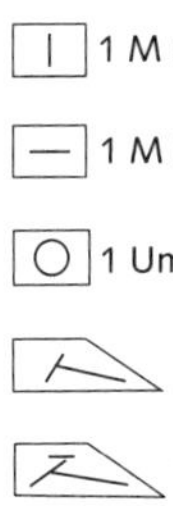

1 M re
1 M li
1 Umschlag
2 M re zusammenstricken
2 M li zusammenstricken

Flying Swallow

Snood mit Schwalbenmuster – Nr. 28 (S. 28)

Dieses zarte Muster erinnert an fliegende Schwalben und entsteht aus Langmaschen und herausgestrickten Maschen.

Wolle: Olympus Tree House Palace, Beige (402), 70 g
Olympus Make Make, Regenbogengarn in Pink/Blaugrün (27), 50 g
Nadeln: Nadelspiel/Rundnadel Stärke 3,5
Zubehör: Maschenstopper, Wollnadel
Maschenprobe: 22 M x 25 R im Schwalbenmuster = 10 x 10 cm
Maße: Halsumfang 62 cm, Länge 30,5 cm

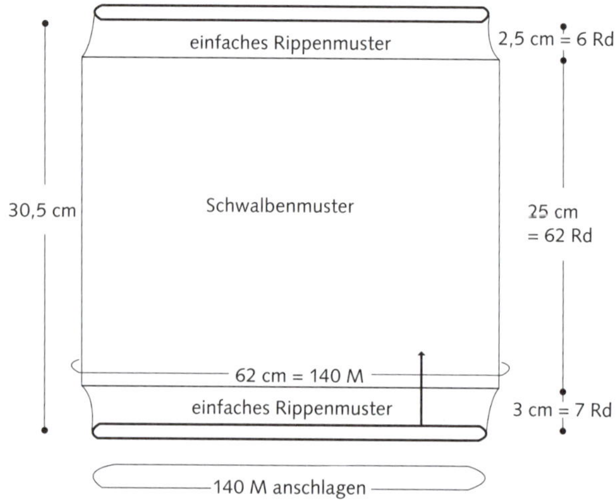

Strickanleitung

In Beige (Farbe a) im elastischen Maschenanschlag (siehe S. 52) 140 M anschlagen und zur Rd schließen. 7 Rd im einfachen Rippenmuster stricken, 1 Rd glatt re, ab der 2. Muster-Rd zum Regenbogengarn (Farbe b) wechseln und nach dem Strickdiagramm bis zur 61. Rd im Schwalbenmuster stricken. 1 Rd glatt re in Beige, dann 6 Rd einfaches Rippenmuster in Beige stricken und isländisch abketten (siehe S. 53).

Anleitung: Schwalbenmuster (in Runden) siehe Diagramm auf S. 71

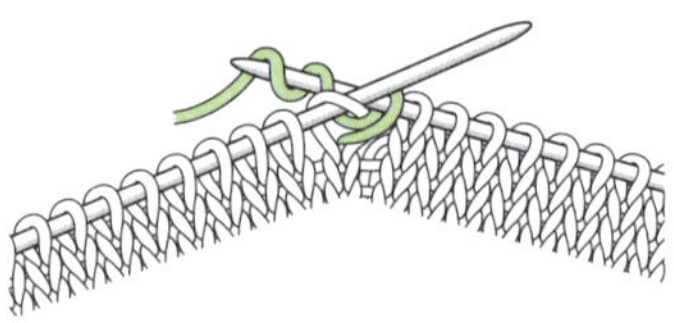

1

1 Rd in Farbe a glatt re. 2. Rd: 3 M re in Farbe a, aus der 4. M in Farbe b nach der Anleitung auf S. 93 3 M herausstricken, dabei jedoch den Umschlag doppelt um die rechte Nadel wickeln.

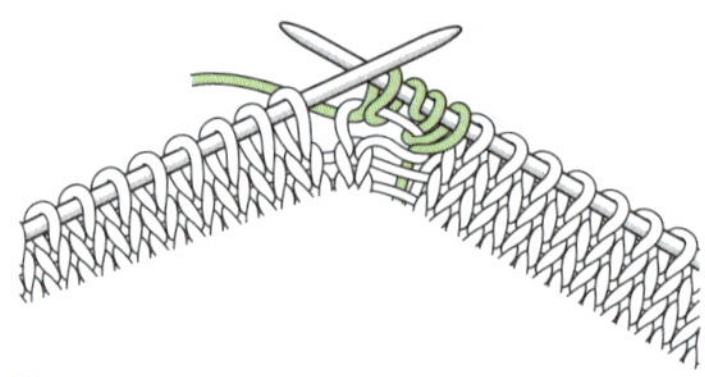

2

Hier wurden aus 1 M 3 M herausgestrickt (1 M re, 1 doppelter U, 1 M re). Diese 4 M (3 M re in Farbe a, aus der 4. M in Farbe b 3 M herausstricken) stets wh.

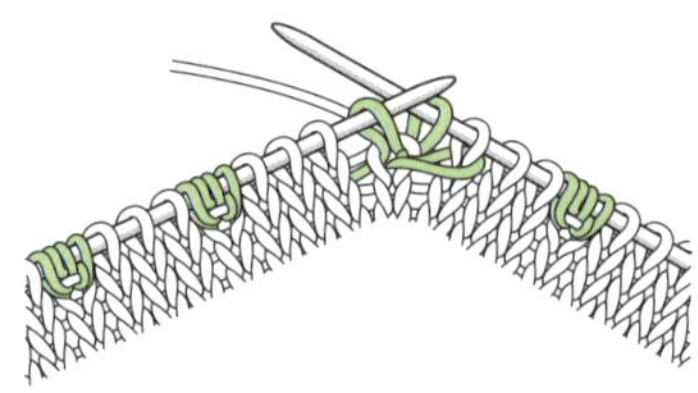

3

Die 3. Rd in Farbe a wie folgt stricken: 2 M re, *2 M re zusammenstricken (die 1. M der 3 herausgestrickten M der Vor-Rd liegt oben), den doppelten U auflösen und auf die rechte Nadel heben, 2 M überzogen re zusammenstricken (die 3. M der 3 herausgestrickten M der Vor-Rd liegt oben), 1 M re*. Von * bis * stets wh.

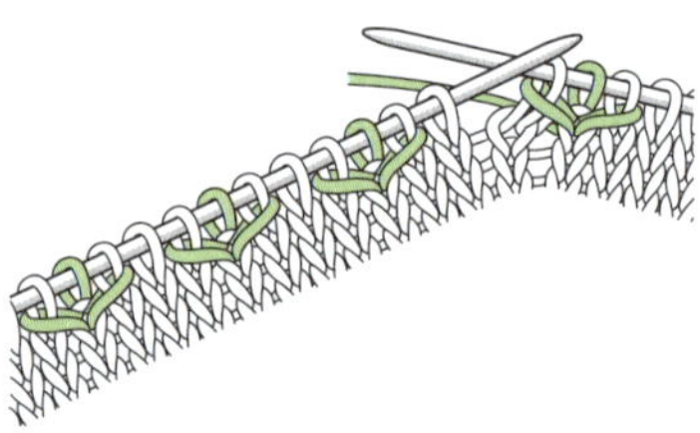

4

Die 3. M der letzten herausgestrickten M mit der 1. M der 3. Rd überzogen re zusammenstricken.

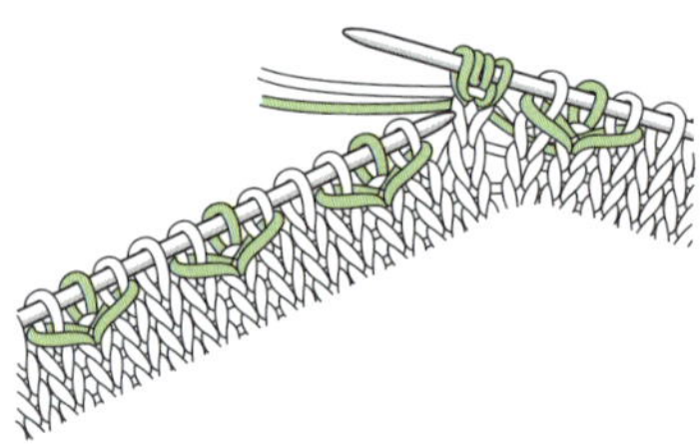

5

Da die 1. M der 4. Rd in Schritt 4 bereits gestrickt wurde, beginnt die 4. Rd mit der 2. M. *Mit Farbe b aus 1 M 3 M herausstricken, mit Farbe a 3 M re*. Von * bis * stets wh.

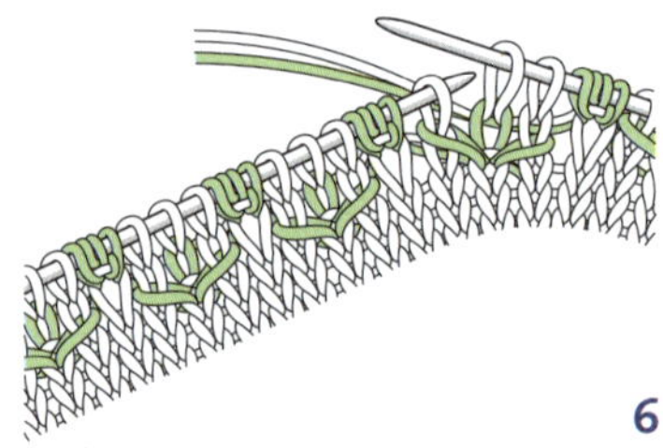

6

Die letzten 3 M der 4. Rd in Farbe a re stricken. Die 5. Rd wird wie die 3. Rd in Farbe a gestrickt: 1 M re, den doppelten U auflösen und auf die rechte Nadel heben, 2 M überzogen re zusammenstricken, 1 M re, dann weiter wie in der 3. Rd (siehe Schritt 3, von * bis * stets wh). Die letzte M mit der 1. M der 5. Rd re zusammenstricken. Schritt 2 bis 6 stets wh.

Strickdiagramm: einfaches Rippenmuster und Schwalbenmuster

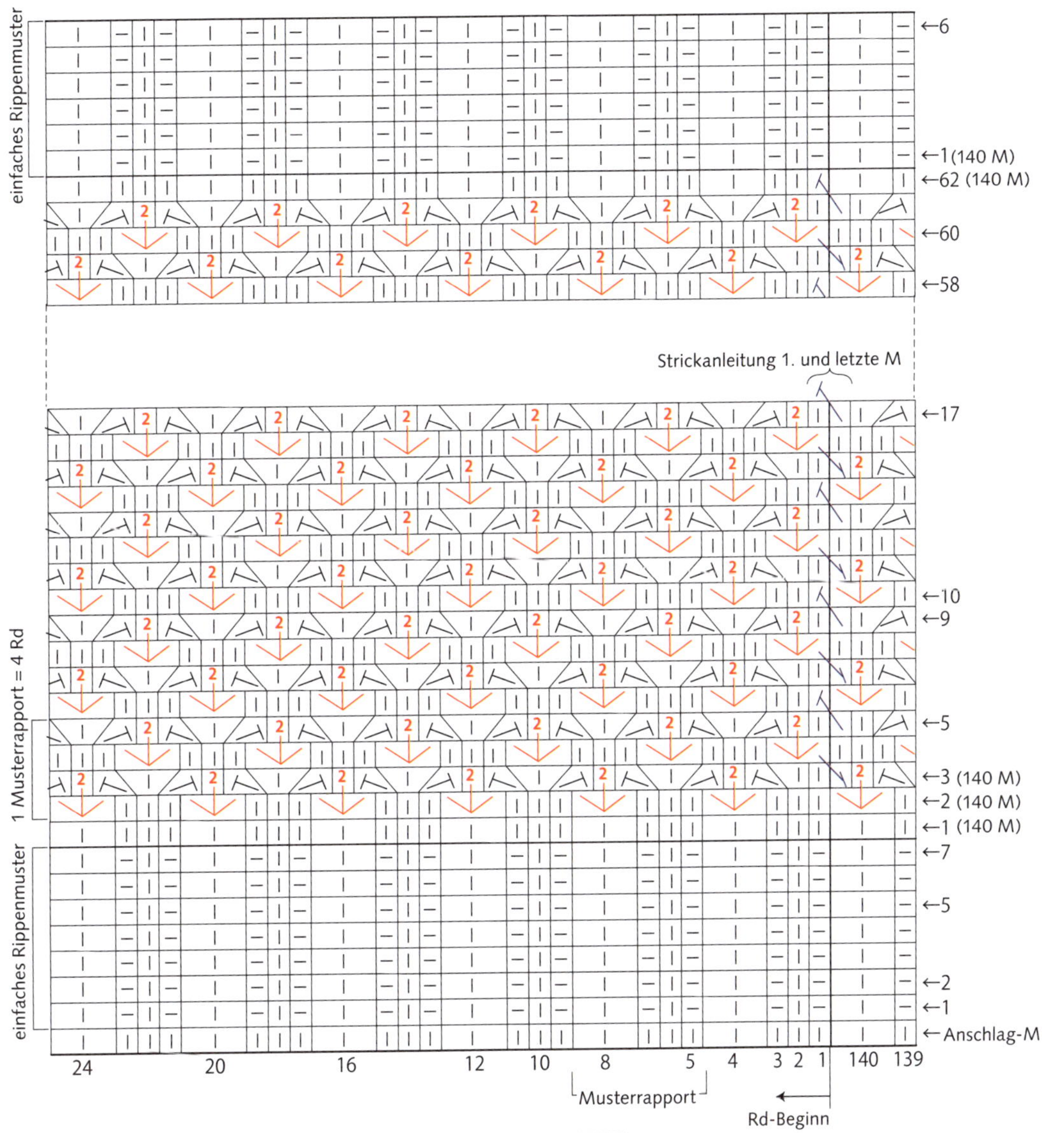

- (symbol) 1 M re
- (symbol) 1 M li
- (symbol) 2 M re zusammenstricken
- (symbol) 2 M überzogen re zusammenstricken

Falls nicht anders angegeben, wird in Farbe a gestrickt.

- (symbol 2) In Farbe b: aus 1 M 3 M herausstricken (1 M re, 1 doppelter U, 1 M re)
- (symbol 1) letzte Rd-M mit 1. Rd-M re zusammenstricken
- (symbol 1) letzte Rd-M mit 1. Rd-M überzogen re zusammenstricken

Flying Swallow

Mütze mit Schwalbenmuster – Nr. 27, Nr. 29 (S. 28/29)

Weil der Musterrapport viermal wiederholt wird, sieht die Mütze von oben aus wie ein Quadrat.

Wolle: Nr. 27, Farbe a: Olympus Tree House Palace, Beige (402), 30 g
Farbe b: Olympus Make Make, Regenbogengarn in Pink/Blaugrün (27), 25 g
Nr. 29, Farbe a: Puppy British Eroika, Beige (134), 40 g
Farbe b: Puppy Multico, Regenbogengarn in Orange/Grün (577), 30 g
Nadeln: Nr. 27: Nadelspiel/Rundnadel Stärke 3,5, Nr. 29: Nadelspiel/Rundnadel Stärke 4
Zubehör: Maschenstopper, Wollnadel
Maschenprobe: Nr. 27: 22 M x 25 R im Schwalbenmuster = 10 x 10 cm
Nr. 29: 19 M x 21 R im Schwalbenmuster = 10 x 10 cm
Maße: Kopfumfang 50 cm, Höhe 20,5 cm

Strickanleitung

Im elastischen Maschenanschlag (siehe S. 52) in Beige (Farbe a) für Nr. 27 112 M, für Nr. 29 96 M anschlagen und zur Rd schließen. Für Nr. 27 7 Rd, für Nr. 29 5 Rd im einfachen Rippenmuster (siehe Strickdiagramm auf S. 71). 1 Rd glatt re, ab der 2. Muster-Rd zum Regenbogengarn (Farbe b) wechseln und für Nr. 27 30 Rd, für Nr. 29 26 Rd im Schwalbenmuster stricken. Anschließend für Nr. 27 bis zur 44. Rd, für Nr. 29 bis zur 38. Rd weiterstricken und dabei die erforderlichen Abnahmen nach dem Strickdiagramm durchführen. Den Faden durch die letzten 8 M führen und zuziehen.

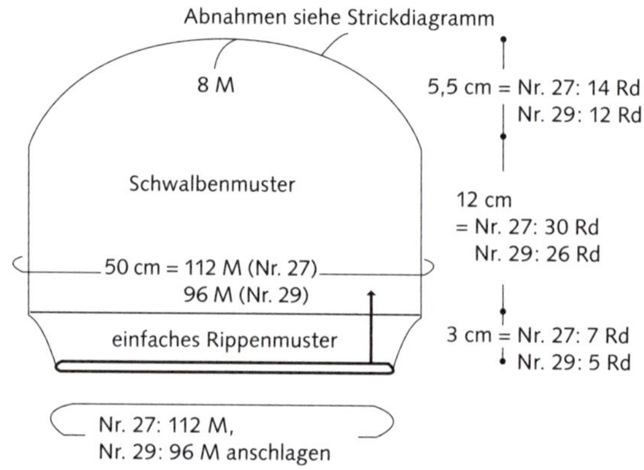

Abnahmen (Nr. 27, Nr. 29)

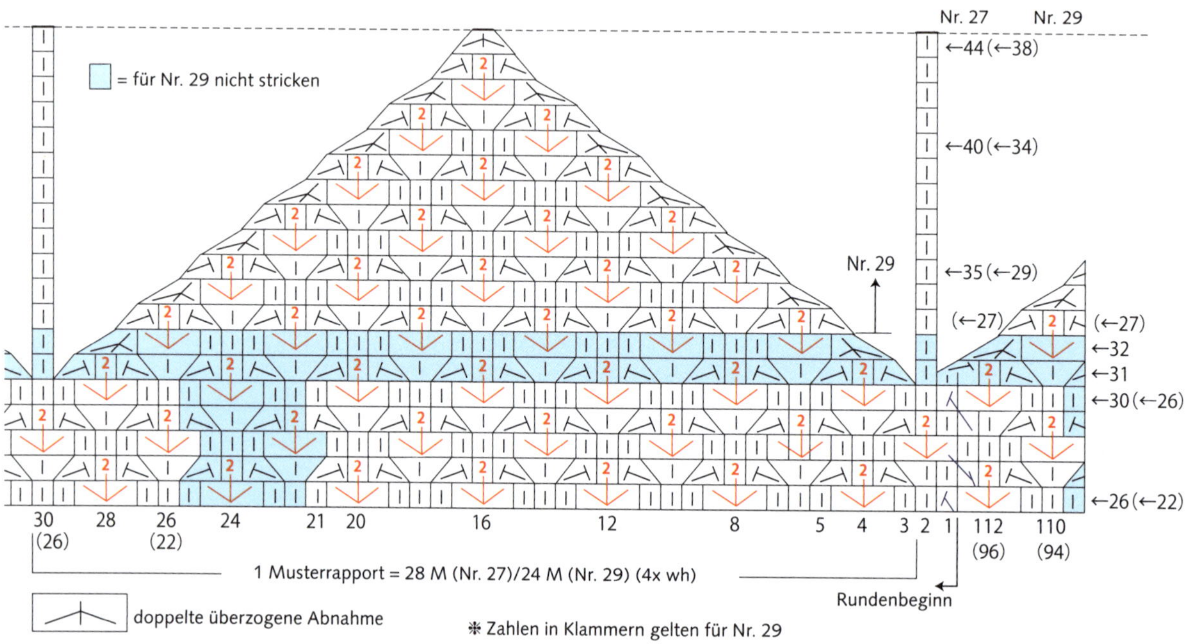

Wicker work

Mütze mit Weidenmuster – Nr. 36 (S. 36/37)

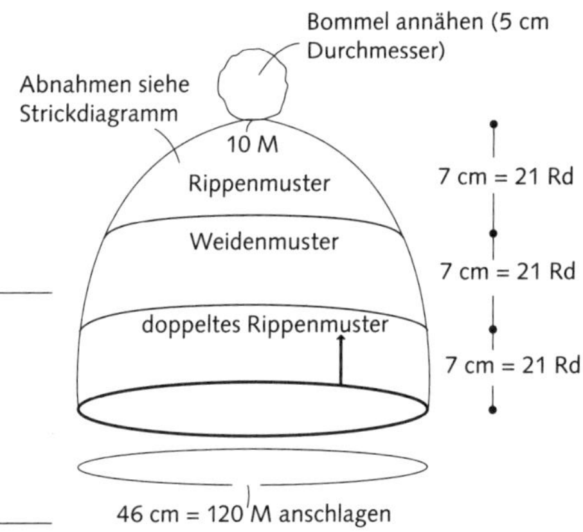

Das Weidenmuster entsteht aus verkreuzten Maschen und wirkt besonders plastisch.

Wolle: Puppy Shetland, Grau (44), 65 g
Nadeln: Nadelspiel/Rundnadel Stärke 4
Zubehör: Maschenstopper, Wollnadel, Zopfmusternadel
Maschenprobe: 26 M = 10 cm, 21 R = 7 cm im doppelten Rippenmuster und Weidenmuster
Maße: Kopfumfang 46 cm, Höhe 21 cm

Strickanleitung

Im elastischen Maschenanschlag (siehe S. 52) 120 M anschlagen und zur Rd schließen. 21 Rd im doppelten Rippenmuster, 21 Rd im Weidenmuster stricken. 4 Rd Rippenmuster ohne Zu- und Abnahmen, dann 21 Rd im Rippenmuster stricken, dabei die Abnahmen durchführen, wie im Strickdiagramm angegeben. Den Faden durch die letzten 10 M führen und zuziehen. Eine Bommel von 5 cm Durchmesser herstellen (siehe S. 54) und annähen.

Strickdiagramm: Weidenmuster und Abnahmen

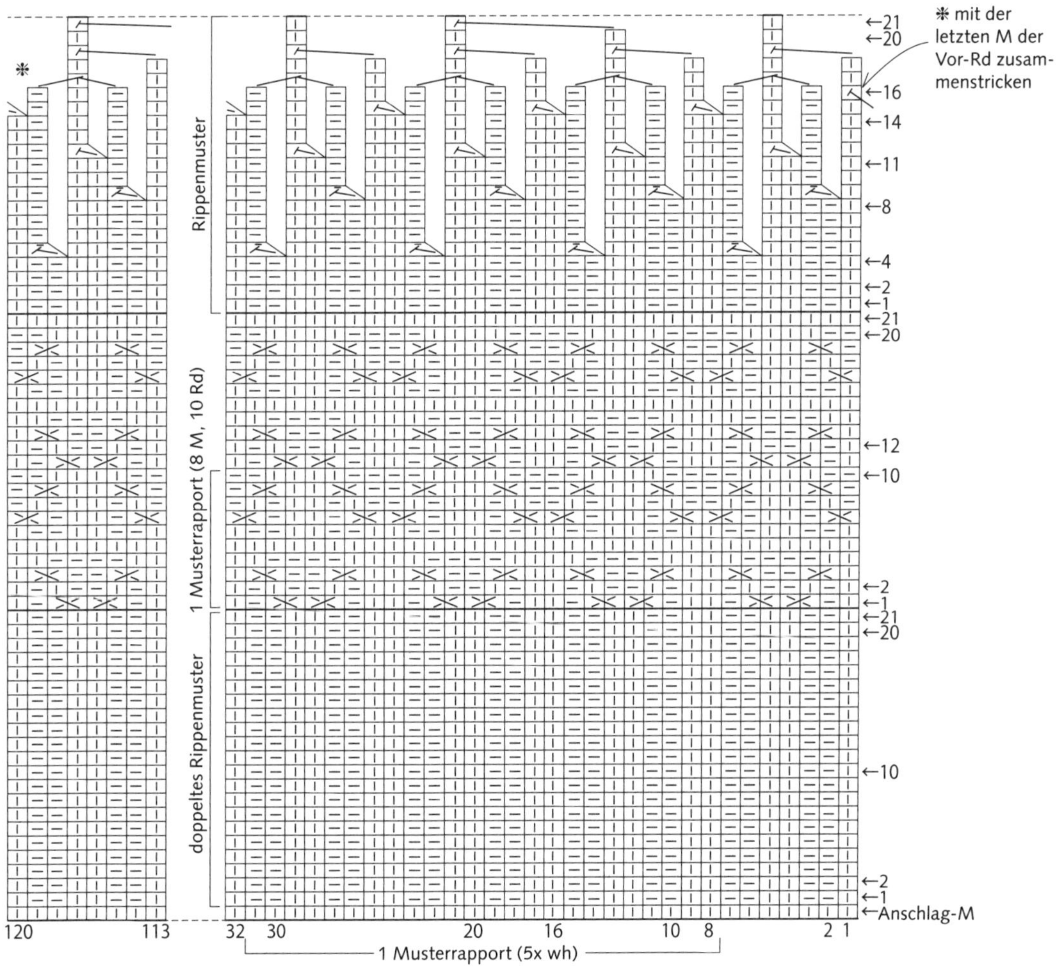

1 M re

1 M li

2 M re zusammenstricken

2 M li zusammenstricken

3 M re zusammenstricken

1 M nach re verkreuzen

1 M nach li verkreuzen

Brioche

Bequeme Mütze im zweifarbigen Patentmuster – Nr. 30, Nr. 31, Nr. 32 (S. 30–33)

Durch das Patentmuster bekommt die Mütze eine weiche Silhouette. Mit unterschiedlichen Garnstärken und Maschenzahlen entstehen drei verschiedene Größen.

Wolle: Nr. 30: Daruma Shetland Wool, Blau (11), 60 g
Nr. 31, Farbe a: Schoppel Life Style, Gelbes Licht (6860), 30 g
Farbe b: Schoppel Edition 3, Englischer Garten (2296), 30 g
Nr. 32, Farbe a: Schoppel Life Style, Marine (4303), 40 g
Farbe b: Schoppel Edition 3, Englischer Garten (2296), 40 g
Nadeln: Nr. 30: Nadelspiel/Rundnadel Stärke 3,5; Nr. 31, Nr. 32: Nadelspiel/Rundnadel Stärke 3
Zubehör: Maschenstopper, Wollnadel
Maschenprobe: Nr. 30: 23 M x 51 R im Patentmuster = 10 x 10 cm;
Nr. 31, Nr. 32: 25 M x 59 R im Patentmuster = 10 x 10 cm
Maße: Nr. 30: Kopfumfang 52 cm, Länge 21 cm; Nr. 31: Kopfumfang 40 cm, Länge 16 cm;
Nr. 32: Kopfumfang 48 cm, Länge 18 cm

Strickanleitung
Im elastischen Maschenanschlag (siehe S. 52) für Nr. 30 und Nr. 32 120 M, für Nr. 31 100 M anschlagen und zur Rd schließen. Für Nr. 30 und Nr. 32 10 Rd, für Nr. 31 8 Rd im einfachen Rippenmuster stricken, dann für Nr. 30 und Nr. 32 59 Rd, für Nr. 31 51 Rd im zweifarbigen Patentmuster stricken. 14 Rd im zweifarbigen Patentmuster weiterstricken, dabei die Abnahmen nach dem Strickdiagramm durchführen. Den Faden durch die letzten M führen und zuziehen. Eine Bommel (4 cm Durchmesser) herstellen (siehe S. 54) und annähen.

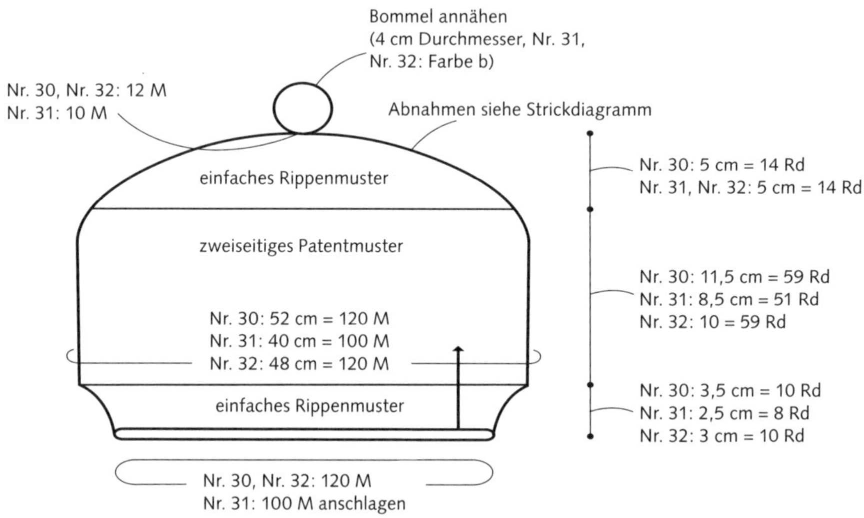

Strickdiagramm: zweifarbiges Patentmuster und Abnahmen

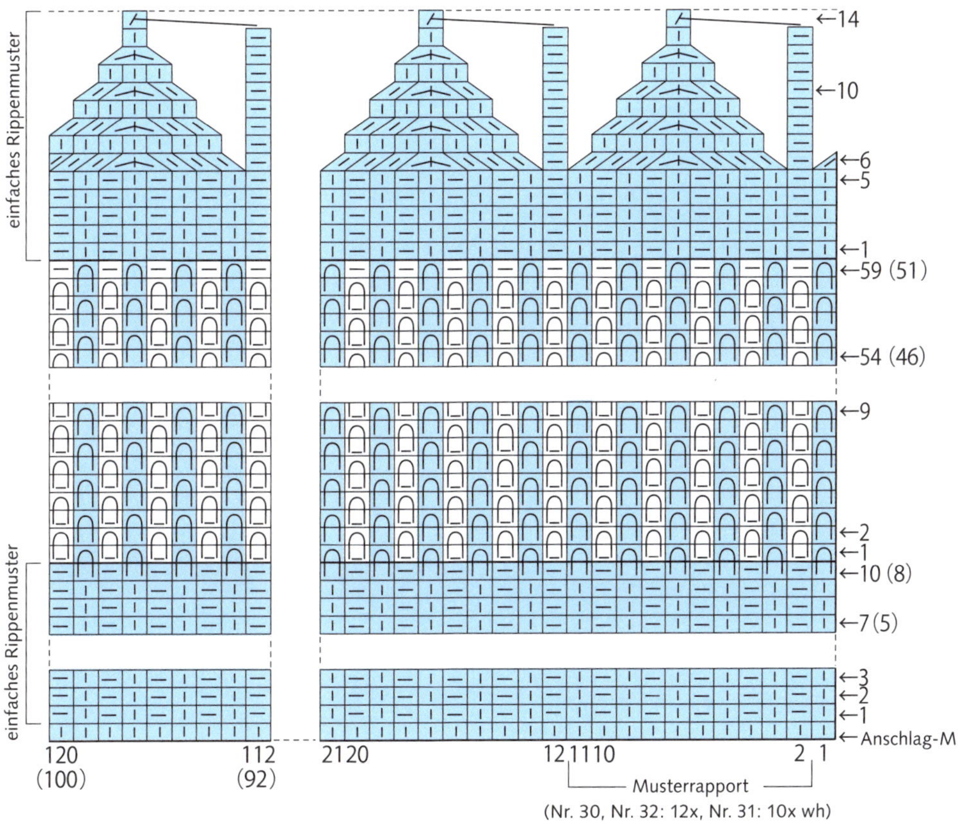

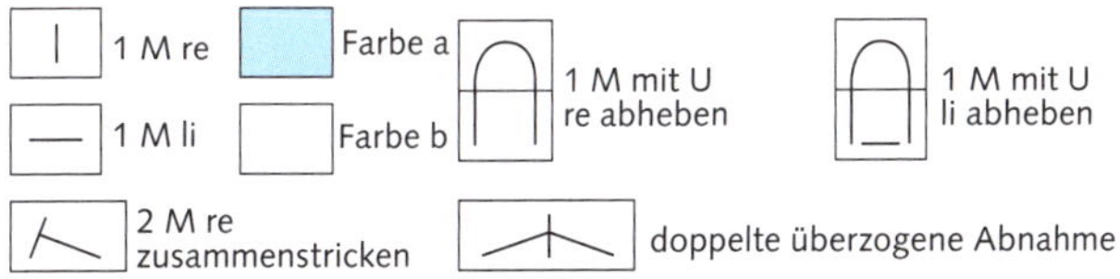

✻ Zahlen in Klammern gelten für Nr. 31.
Nr. 30 wird einfarbig gestrickt.

Berries

Mütze mit Beerenmuster – Nr. 37, Nr. 38 (S. 38/39)

Das fröhliche Muster in Rot und Grün erinnert an eine Schüssel voller Beeren. Durch Ändern der Nadelstärke können Sie die Größe genau anpassen.

Wolle: Yanagiyarn Koi Suru Keito Sport, Rot (706), 55g; Grün (708), 5 g
Nadeln: Nr. 37: Nadelspiel/Rundnadel Stärke 3,25
Nr. 38: Nadelspiel/Rundnadel Stärke 3,5
Zubehör: Maschenstopper, Wollnadel
Maschenprobe: Nr. 37: 27 M x 38 R im Beerenmuster = 10 x 10 cm
Nr. 38: 25 M x 36 R im Beerenmuster = 10 x 10 cm
Maße: Nr. 37: Kopfumfang 45 cm, Länge 19 cm
Nr. 38: Kopfumfang 48 cm, Länge 20,5 cm

Strickanleitung
Mit Rot im elastischen Maschenanschlag (siehe S. 52) 120 M anschlagen und zur Rd schließen. 20 Rd im einfachen Rippenmuster stricken, dann 31 Rd im Beerenmuster stricken, dabei nach dem Strickdiagramm die Farben abwechseln. Bis zur 62. Rd weiterstricken, dabei die Abnahmen durchführen, wie im Strickdiagramm angegeben. Den Faden durch die letzten 9 M führen und zuziehen.
In Rot eine Bommel (Nr. 37: 3 cm Durchmesser, Nr. 38: 4 cm Durchmesser) herstellen (siehe S. 54) und annähen.

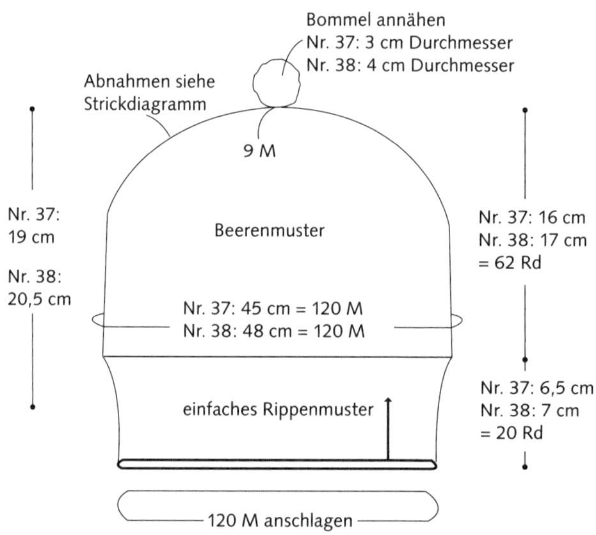

Strickdiagramm: Beerenmuster und Abnahmen

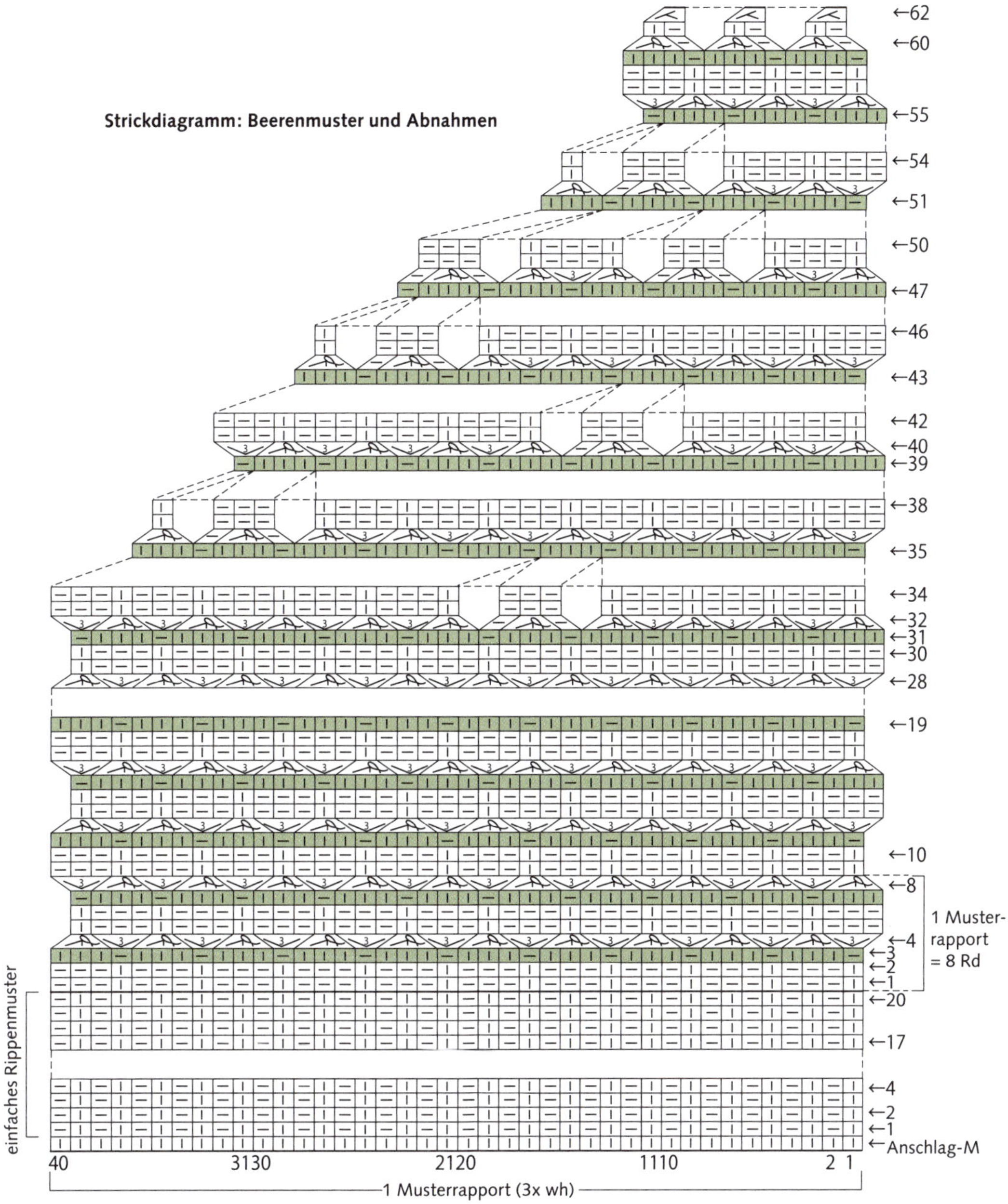

rot

grün

3 M verschränkt re zusammenstricken

1 M re

1 M li

= 3 M aus 1 M herausstricken (1 M re, 1 U, 1 M re)

2 M re zusammenstricken

Half & Half

Zweifarbige Mütze – Nr. 25, Nr. 26 (S. 26/27)

Für diese Mütze werden zwei Teile in unterschiedlichen Mustern flach gestrickt und zusammengenäht. Probieren Sie es ruhig auch mal mit anderer Wolle und anderen Farben!

Wolle: Nr. 25: Puppy Shetland, Farbe a: Grau (44), 35 g
Farbe b: Kobaltblau (52), 40
Nr. 26: Olympus Tree House Palace, Farbe a: Orange (204), 35 g
Farbe b: Beige (201), 40 g
Nadeln: Nr. 25: 2 Stricknadeln Stärke 3,5
Nr. 26: 2 Stricknadeln Stärke 4
Zubehör: Maschenstopper, Wollnadel, Zopfmusternadel
Maschenprobe: Muster ①: 25 m x 27 R = 10 x 10 cm
Muster ②: 28 M x 27 R = 10 x 10 cm
Maße: Kopfumfang 44 cm, Höhe 20 cm (ohne Umschlagrand)

Strickanleitung
In Farbe a im elastischen Maschenanschlag (siehe S. 52) 58 M anschlagen und 21 R im doppelten Rippenmuster stricken. Anschließend 24 R in Muster ① stricken, dann bis zur 52. R weiterstricken und dabei die Abnahmen nach dem Strickdiagramm durchführen.
In Farbe b ebenfalls im elastischen Maschenanschlag 58 M anschlagen und 21 R im doppelten Rippenmuster stricken. Anschließend 34 R in Muster ② stricken, dann bis zur 52. R weiterstricken und dabei die Abnahmen nach dem Strickdiagramm durchführen.
Die Strickstücke aufeinander ausrichten und auf beiden Seiten zusammennähen, dabei bis zur 18. R der Umschlagkante im doppelten Rippenmuster mit der Rückseite nach oben zusammennähen.
Den Faden durch die letzten 18 M führen und zuziehen.
Eine Bommel von 4 cm Durchmesser herstellen (siehe S. 54), dabei die Hälfte der Schablone mit Farbe a und die andere Hälfte mit Farbe b umwickeln. Annähen.

Glatt rechts Gestricktes zusammennähen

Bei dieser Technik werden die Maschen reihenweise so zusammengenäht, dass die Randmaschen auf der linken Seite liegen und die Naht besonders sauber wird. Damit das Gestrick sich nicht verzieht, den Faden nach jedem Stich festziehen.

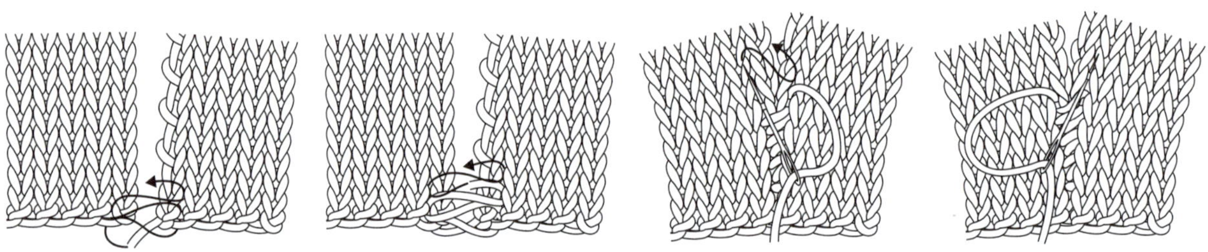

1
Das Ende des Anschlagfadens in eine Wollnadel fädeln und die Nadel in Pfeilrichtung durch die Maschen führen.

2
Stets zwischen der 1. und der 2. M jeder Reihe einstechen und den Faden so hin- und herführen.

3

4

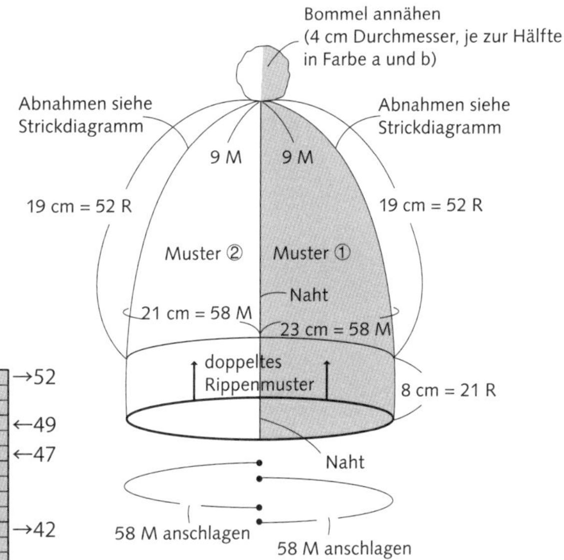

Strickdiagramm: Muster ① und Abnahmen

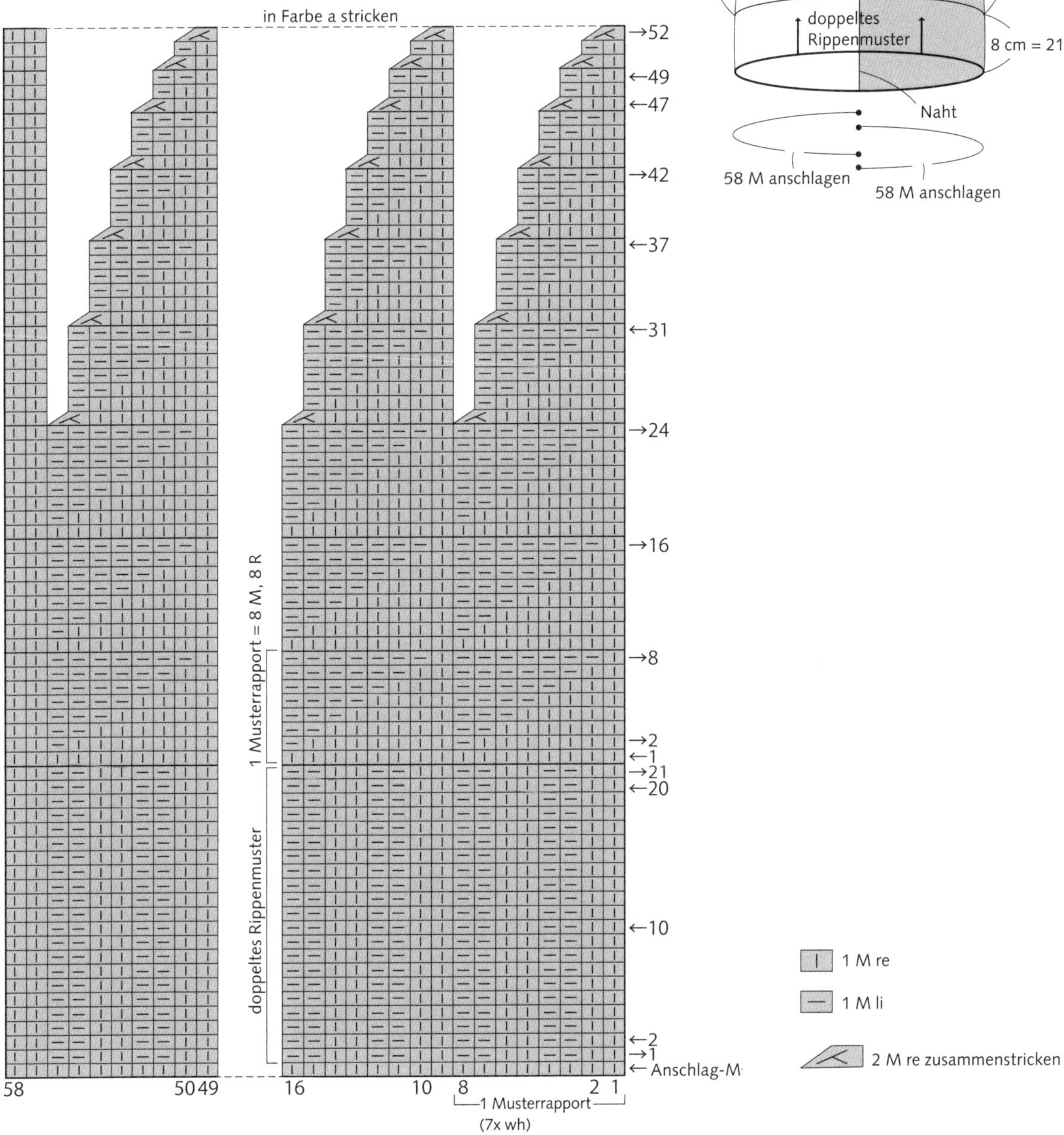

Zweifarbige Mütze – Nr. 25, Nr. 26 (S. 26/27)

Strickdiagramm: Muster ② und Abnahmen

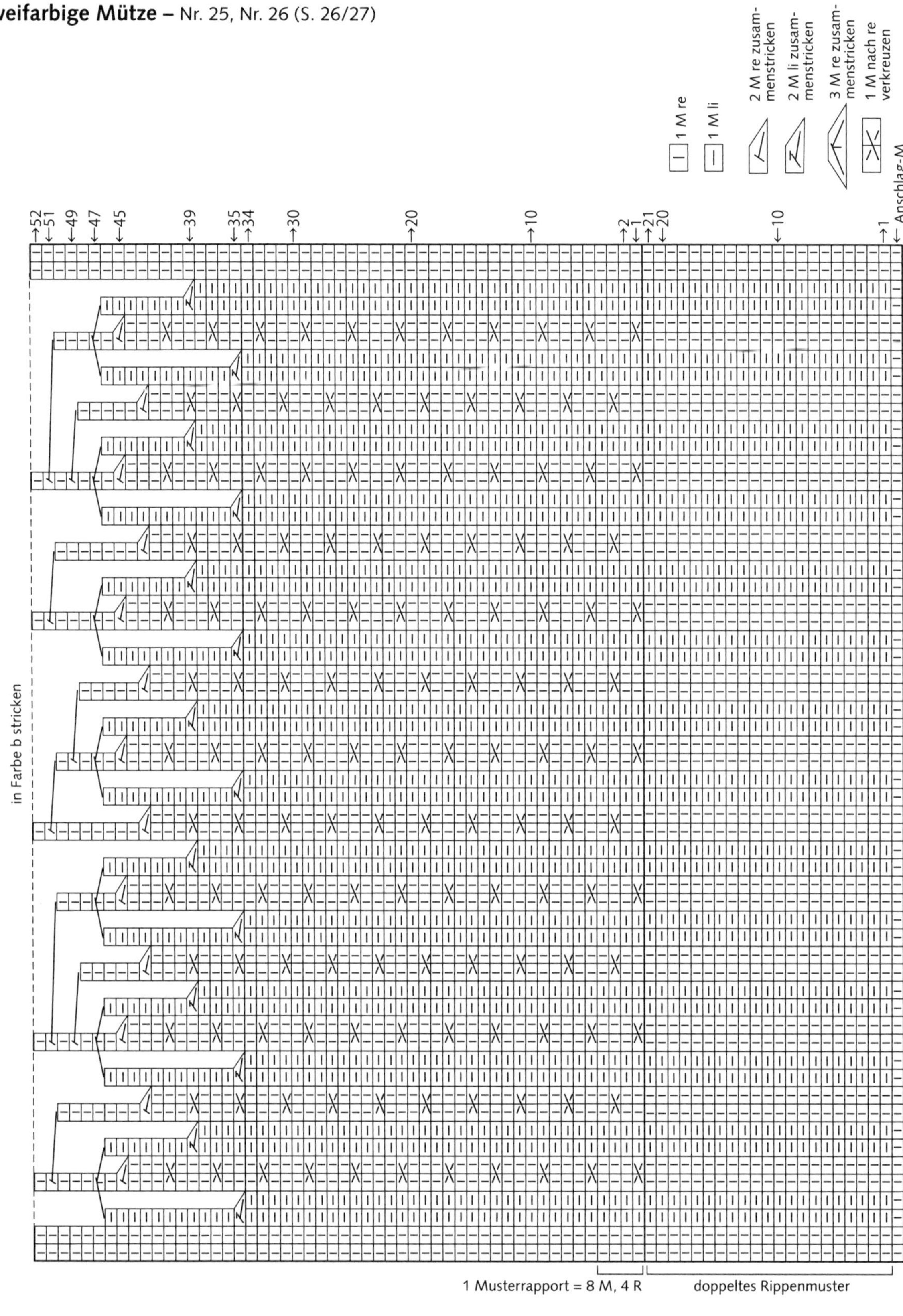

Spiky

Stachelmütze – Nr. 41, Nr. 42 (S. 42/43)

Das Stachelmuster erscheint auf der Rückseite, die Mütze wird nach dem Stricken also gewendet.

Wolle: Nr. 41: Schoppel Edition 3, Taupunkt (2301), 65 g
Nr. 42: Schoppel Edition 3, Bodenprobe (2297), 65 g
Nadeln: Nadelspiel/Rundnadel Stärke 3
Zubehör: Maschenstopper, Wollnadel
Maschenprobe: 40 M x 35 R im Stachelmuster = 10 x 10 cm
Maße: Kopfumfang 40 cm, Höhe 21 cm

Strickanleitung
Im elastischen Maschenanschlag (siehe S. 52) 100 M anschlagen und zur Rd schließen. 30 Rd im einfachen Rippenmuster stricken, dann im Stachelmuster fortfahren, dabei die Zu- und Abnahmen nach dem Strickdiagramm vornehmen. Den Faden durch die letzten 10 M führen und zuziehen. Mütze wenden (das Stachelmuster erscheint auf der linken Seite). Eine Bommel von 4 cm Durchmesser herstellen (siehe S. 54) und annähen.

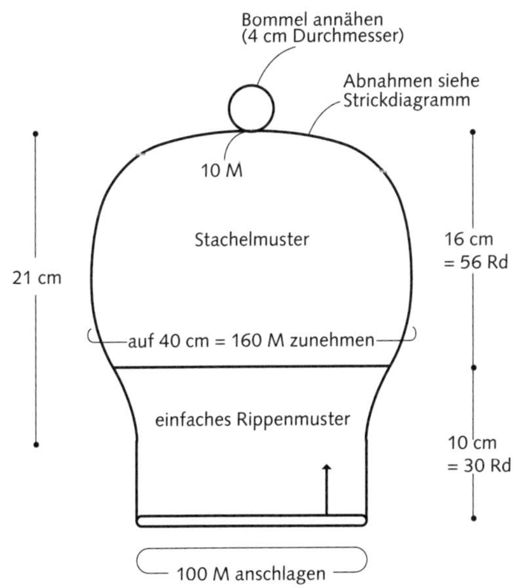

Strickdiagramm: Stachelmuster, Zunahmen und Abnahmen

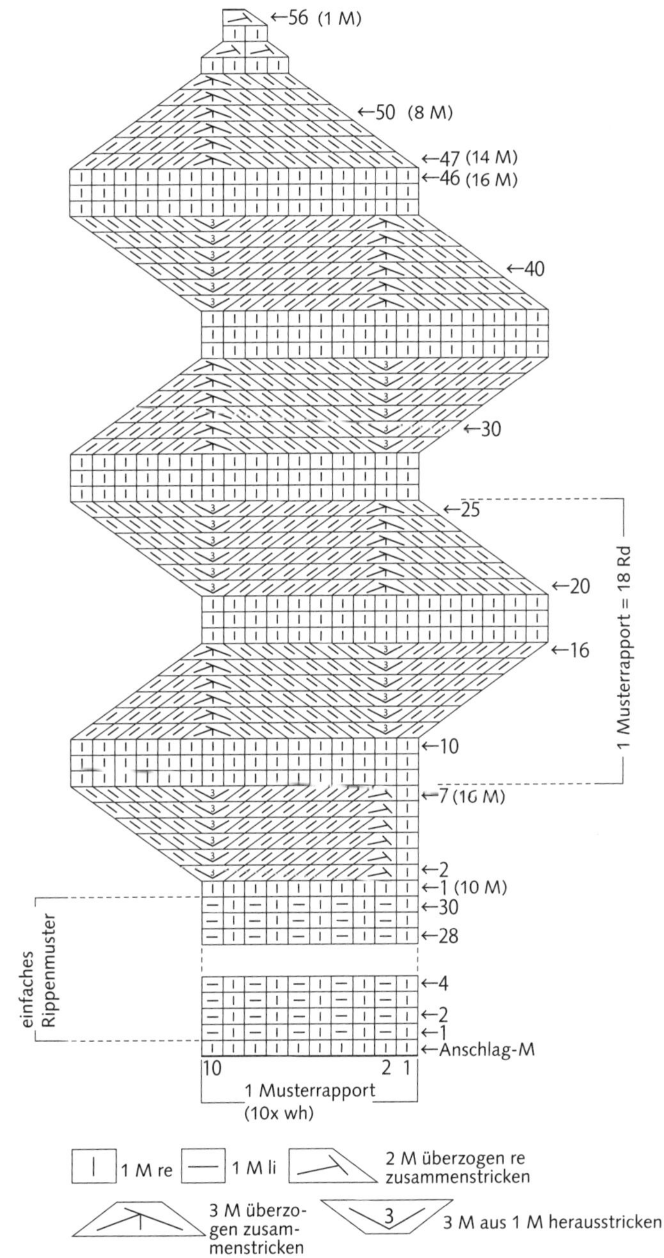

Drop Stitch Hat & Snood

Mütze und Snood mit Fallmaschenmuster – Nr. 39, Nr. 40 (S. 40/41)

Die Webpelzbommel verleiht der Mütze ein besonderes Flair, Sie können aber natürlich auch selbst eine Bommel aus Wolle herstellen.

Wolle: Yanagiyarn Bloom, Nr. 39: Grau (14), 70 g; Nr. 40: Mint (26), 130 g
Nadeln: Nadelspiel/Rundnadel Stärke 4,5
Zubehör: Maschenstopper, Wollnadel, Nr. 39: 1 Webpelzbommel (Fuchs), 8 cm Durchmesser
Maschenprobe: 20 M x 40 Rd im Muster = 10 x 10 cm
Maße: Nr. 39: Kopfumfang 51 cm, Höhe 19 cm
Nr. 40: Umfang 109,5 cm, Länge 18 cm

Strickanleitung

Für die Mütze Nr. 39 im elastischen Maschenanschlag (siehe S. 52) 102 M anschlagen und zur Rd schließen. 54 Rd ohne Zu- und Abnahmen im Muster stricken, ab der 55. Rd die Abnahmen durchführen, wie im Strickdiagramm angegeben. Den Faden durch die letzten 12 M führen und zuziehen.
Eine Bommel aus Fuchs-Webpelz (Durchmesser 8 cm) befestigen.
Für den Snood Nr. 40 im elastischen Maschenanschlag 219 M anschlagen und zur Rd schließen, dann 73 Rd ohne Zu- und Abnahmen im Muster stricken.
Die letzte Rd isländisch abketten (siehe S. 53).

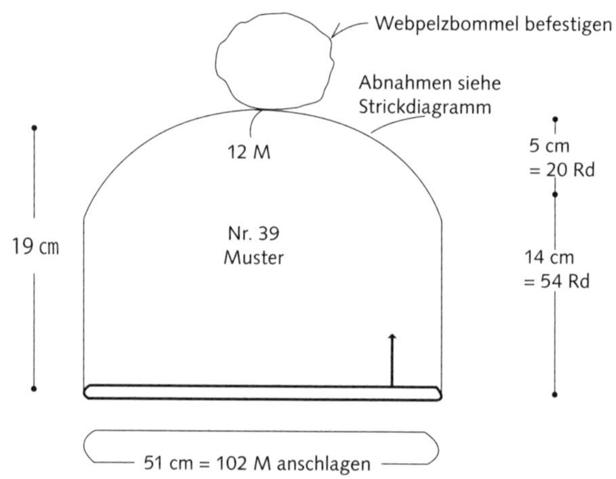

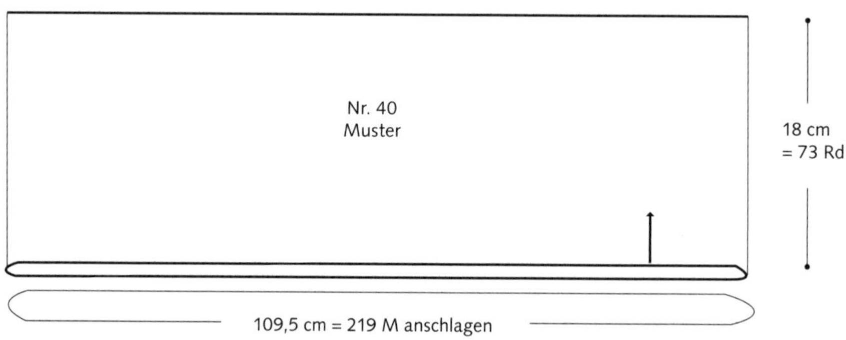

Strickdiagramm: Muster Nr. 39, Nr. 40; Abnahmen Nr. 39

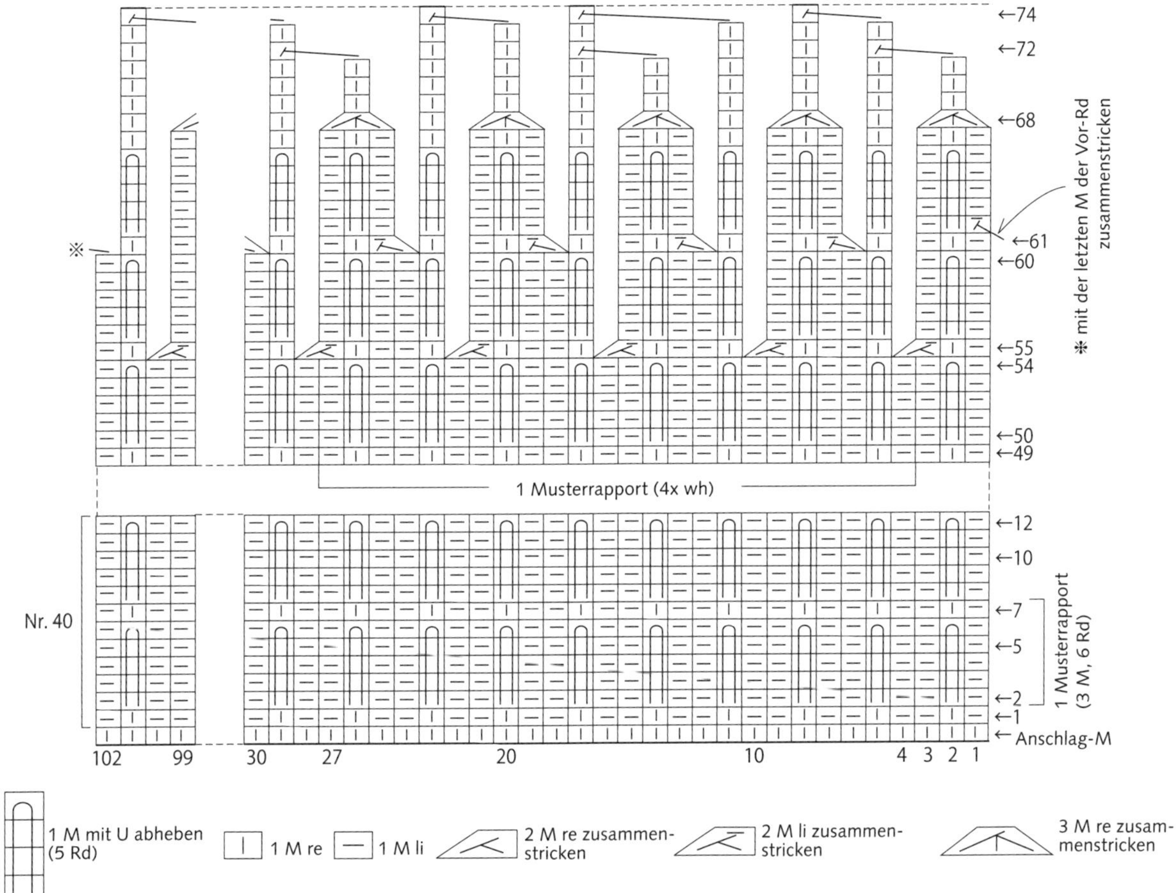

✻ Zahlen in Klammern gelten für Nr. 40

Trinity Bert

Baskenmütze mit Noppenmuster – Nr. 19, Nr. 20 (S. 20/21)

Durch gleichmäßige Zunahmen sieht das Noppenmuster dieser Baskenmütze aus wie ein Windrad.

Wolle: Nr. 19: Yanagiyarn Bloom, Hellblau (25), 75 g
Nr. 20: Olympus Make Make Regenbogengarn in Weinrot (17), 75 g
Nadeln: Nadelspiel/Rundnadel Stärke 3,5
Zubehör: Maschenstopper, Wollnadel
Maschenprobe: 26 M x 30 Rd im Noppenmuster = 10 x 10 cm
Maße: Kopfumfang 48 cm, Höhe 19,5 cm

Strickanleitung

Für die Spitze im elastischen Maschenanschlag (siehe S. 52) 8 M anschlagen, zur Rd schließen und 9 Rd glatt re stricken. Im Noppenmuster fortfahren, dabei die Zu- und Abnahmen durchführen, wie im Strickdiagramm angegeben. Die letzte Rd isländisch abketten (siehe S. 53).

Baskenmütze mit Noppenmuster – Nr. 19, Nr. 20 (S. 20/21)

Strickdiagramm: Noppenmuster, Zunahmen und Abnahmen

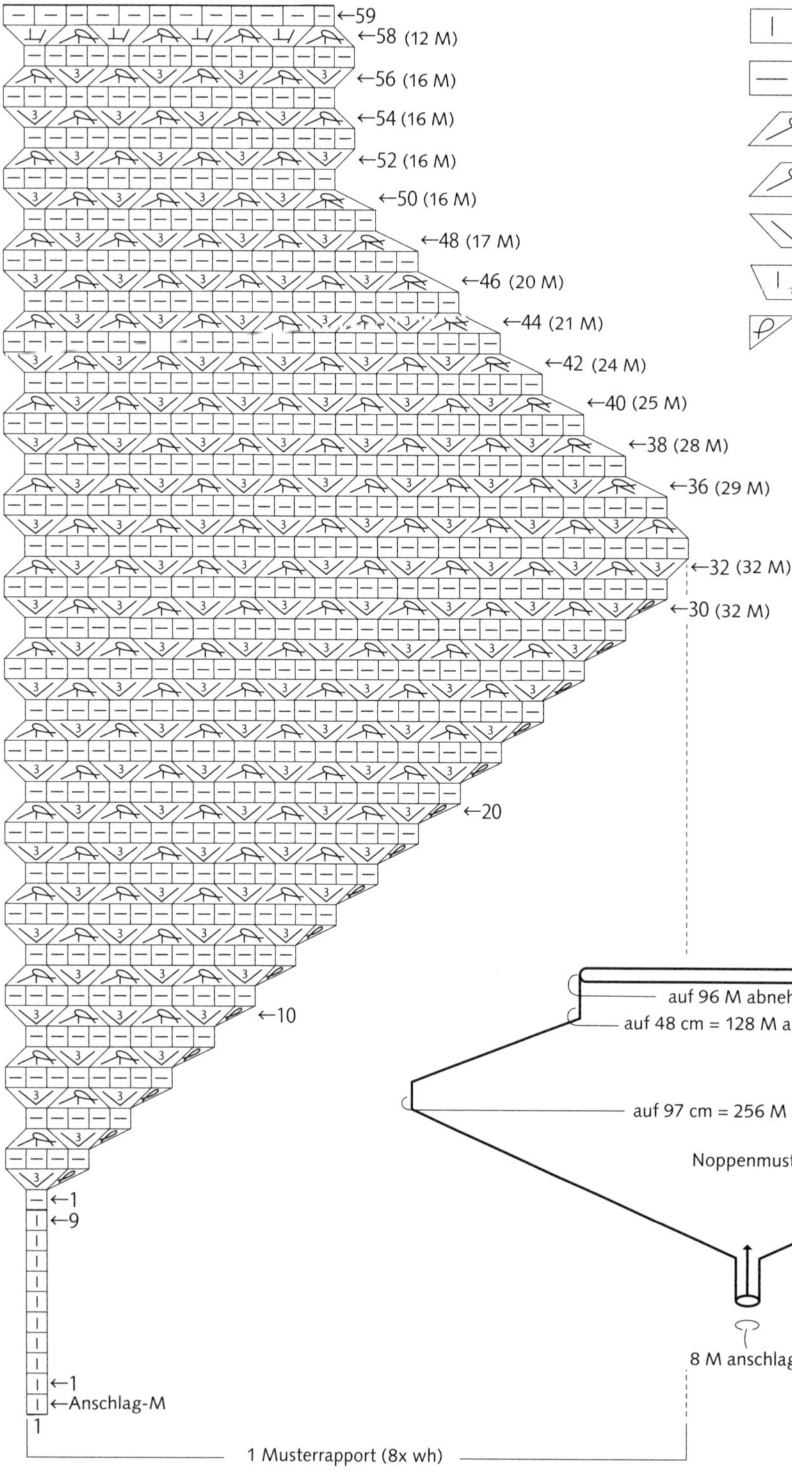

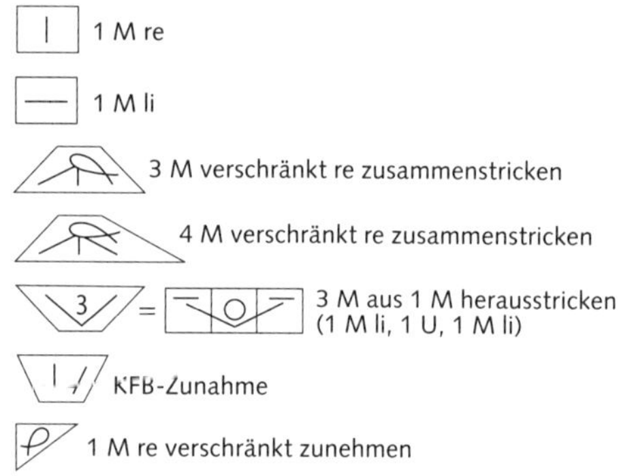

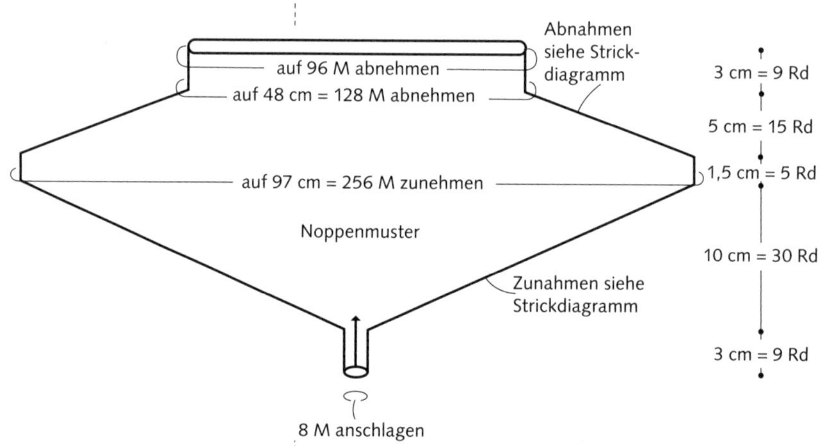

Trinity Hat

Mütze mit Noppenmuster – Nr. 21, Nr. 22

(S. 22/23)

Durch den Knoten in der langen Spitze hat Nr. 22 etwas Verspieltes.

Wolle: Nr. 21: Olympus Make Make, Regenbogengarn in Blau/Pink (21), 50 g
Nr. 22: Olympus Make Make Tomato, Regenbogengarn in Khaki (208), 50 g
Nadeln: Nadelspiel/Rundnadel Stärke 3,5
Zubehör: Maschenstopper, Wollnadel
Maschenprobe: 26 M x 30 Rd im Noppenmuster = 10 x 10 cm
Maße: Nr. 21: Kopfumfang 48 cm, Höhe 19 cm
Nr. 22: Kopfumfang 48 cm, Höhe 16 cm

Strickanleitung

Für die Spitze im elastischen Maschenanschlag (siehe S. 52) 8 M anschlagen, zur Rd schließen und für Nr. 21 9 Rd, für Nr. 22 64 Rd glatt re stricken. Im Noppenmuster fortfahren, dabei die Zunahmen durchführen, wie im Strickdiagramm angegeben (siehe S. 95). Die letzte Rd isländisch abketten (siehe S. 53).

Strickdiagramm: Noppenmuster und Abnahmen

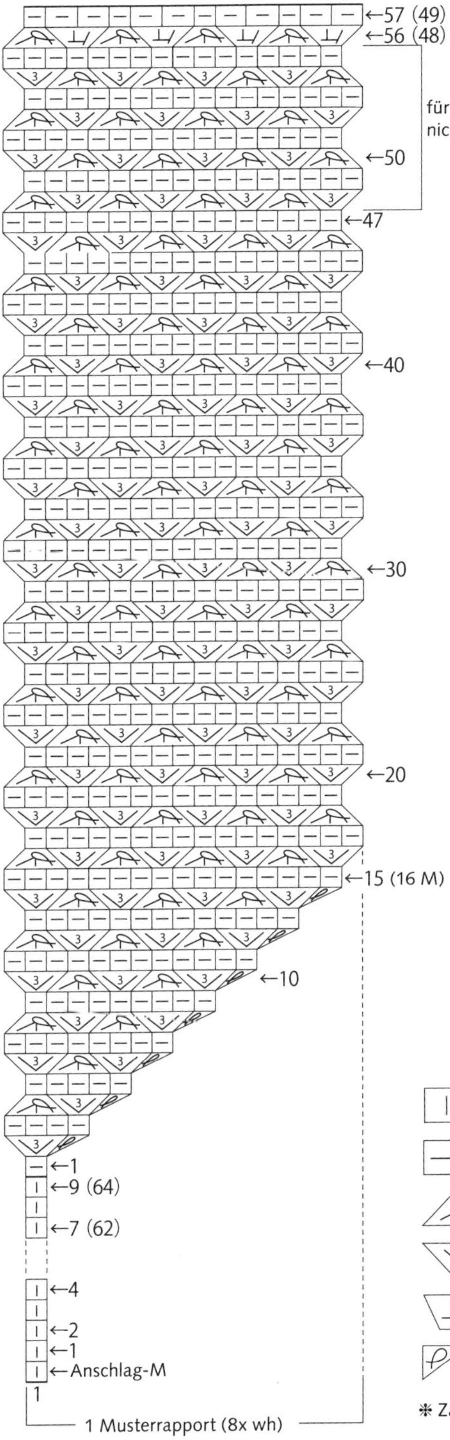

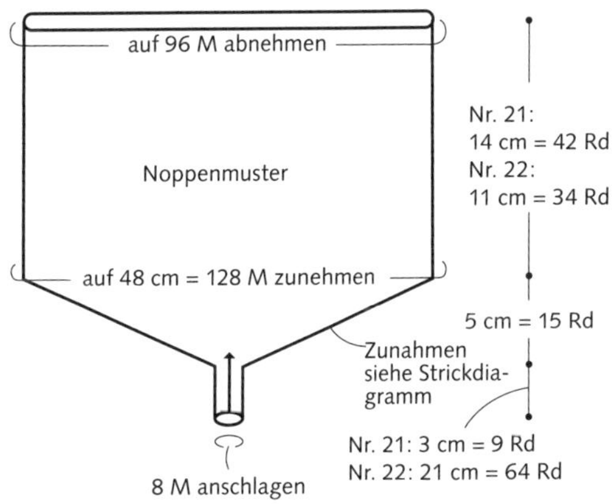

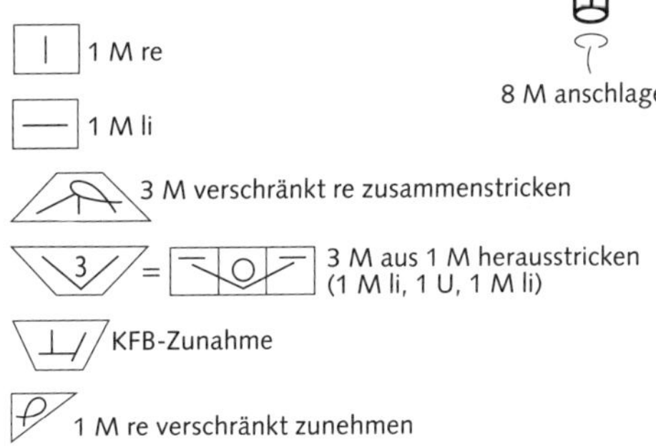

⁕ Zahlen in Klammern gelten für Nr. 22

Old Shale

Bequeme Mütze im Pfauenmuster – Nr. 43, Nr. 44, Nr. 45 (S. 44/45)

Durch das Muster aus Umschlägen und links zusammengestrickten Maschen fällt diese Mütze schön weich. Aus unterschiedlich dicker Wolle entsteht hier ein Erwachsenen- und ein Kleinkindmodell.

Wolle: Nr. 43: Schoppel Gradient, Streiflichter (2357), 75 g
Nr. 33: Olympus Tree House Berries, Graurosa (203), 80 g
Nr. 45: Puppy Lecce, Regenbogengarn in Grün/Gelb (413), 40 g
Nadeln: Nr. 43: Nadelspiel/Rundnadel Stärke 4
Nr. 44: Nadelspiel/Rundnadel Stärke 4,5
Nr. 45: Nadelspiel/Rundnadel Stärke 3,5
Zubehör: Maschenstopper, Wollnadel
Maschenprobe: Nr. 43, Nr. 44: 22 M x 28 R im Muster = 10 x 10 cm
Nr. 45: 25 M x 33 R im Muster = 10 x 10 cm
Maße: Nr. 43, Nr. 44: Kopfumfang 53 cm, Höhe 23 cm
Nr. 45: Kopfumfang 47 cm, Höhe 19 cm

Strickanleitung
Im elastischen Maschenanschlag (siehe S. 52) 120 M anschlagen und zur Rd schließen. Für den Rand 10 Rd im doppelten Rippenmuster stricken, dann nach dem Strickdiagramm fortfahren und in der 3. Rd auf 180 M zunehmen. Bis zur 34. Rd im Muster weiterstricken. Ab der 35. Rd die Abnahmen durchführen, wie im Strickdiagramm angegeben. Den Faden durch die letzten 15 M führen und zuziehen.
Eine Bommel von 3 cm Durchmesser herstellen (siehe S. 54) und annähen.

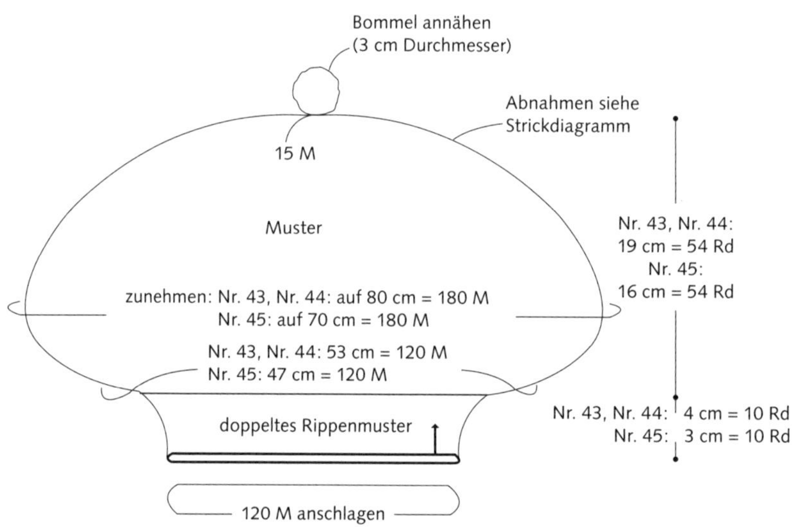

Strickdiagramm: Muster und Abnahmen

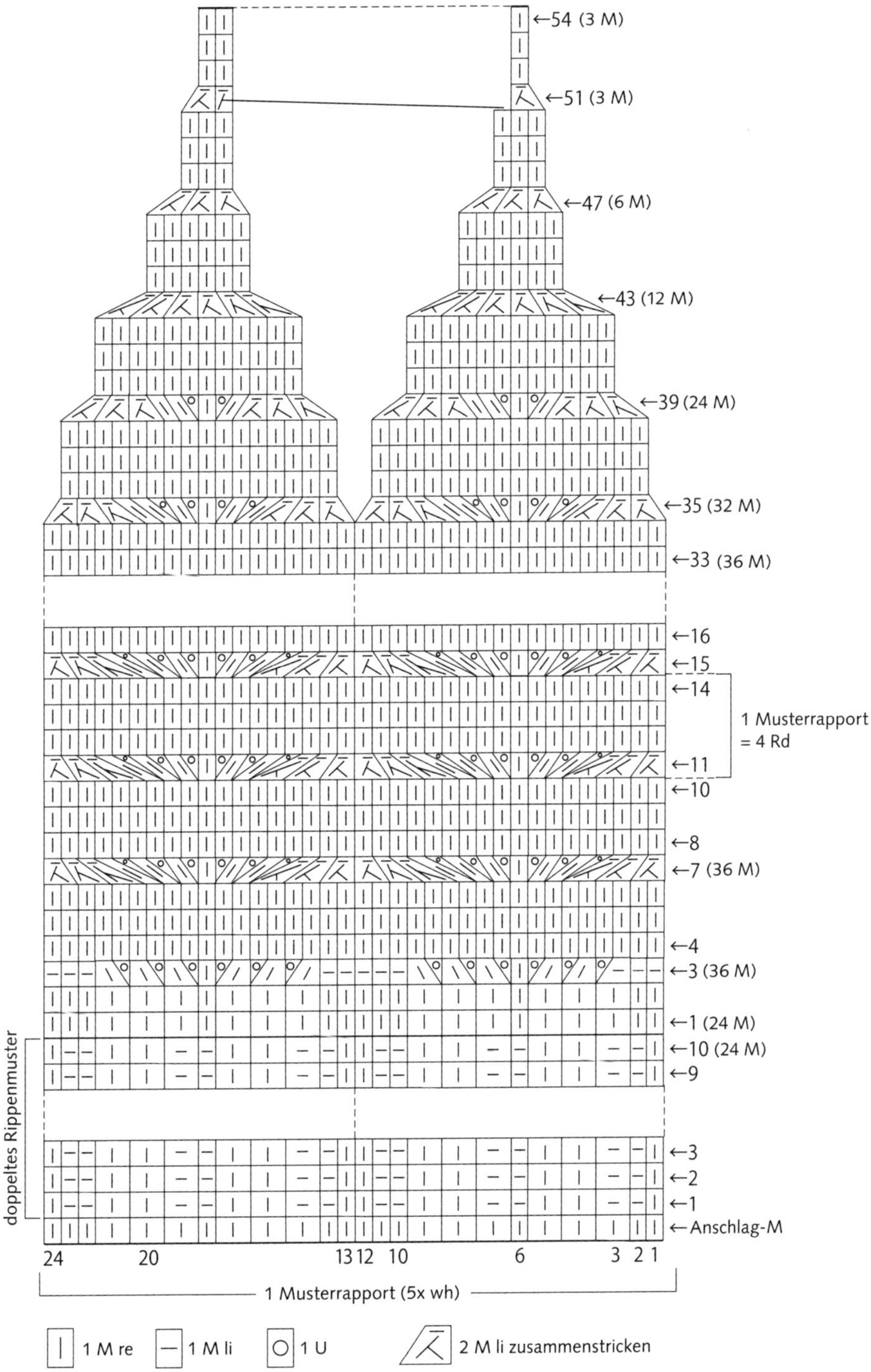

Owl

Mütze mit Eulenmuster – Nr. 46 (S. 46/47)

Das niedliche Eulenmuster entsteht durch verkreuzte Maschen.

Wolle: Puppy British Eroika, Graubraun (200), 65 g
Nadeln: Nadelspiel/Rundnadel Stärke 4,5
Zubehör: Maschenstopper, Wollnadel, Zopfmusternadel, 20 (oder 2) Plastikdruckknöpfe (Durchmesser: 9 mm), pastellgelb
Maschenprobe: 20 Muster-M = 10 cm, 19 Muster-R = 7 cm
20 M glatt re = 10 cm, 21 R glatt re = 9 cm
Maße: Kopfumfang 50 cm, Höhe 19 cm

Strickanleitung

Im elastischen Maschenanschlag (siehe S. 52) 100 M anschlagen und zur Rd schließen. 6 Rd im einfachen Rippenmuster stricken, dann 19 Rd im Muster stricken, dabei in der 11. Rd auf 90 M abnehmen. 3 Rd ohne Zu- und Abnahmen glatt re stricken, dann weitere 21 Rd glatt re stricken und dabei die Abnahmen durchführen, wie im Strickdiagramm angegeben. Den Faden durch die letzten 10 M führen und zuziehen.
Eine Bommel von 4 cm Durchmesser herstellen (siehe S. 54) und annähen. Druckknöpfe an den angegebenen Stellen befestigen.

Strickdiagramm: Muster und Abnahmen

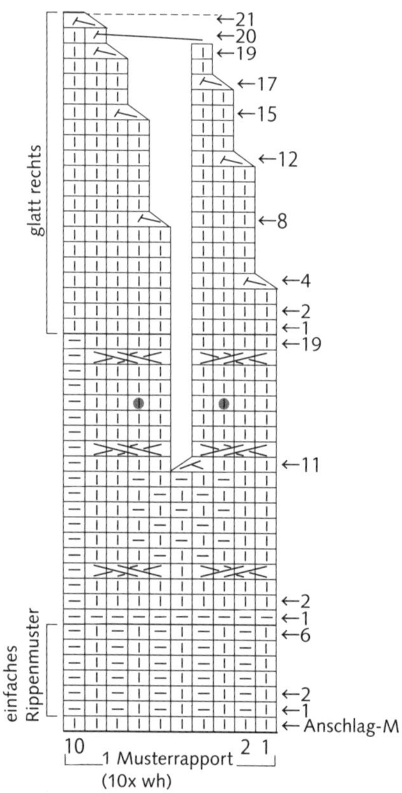

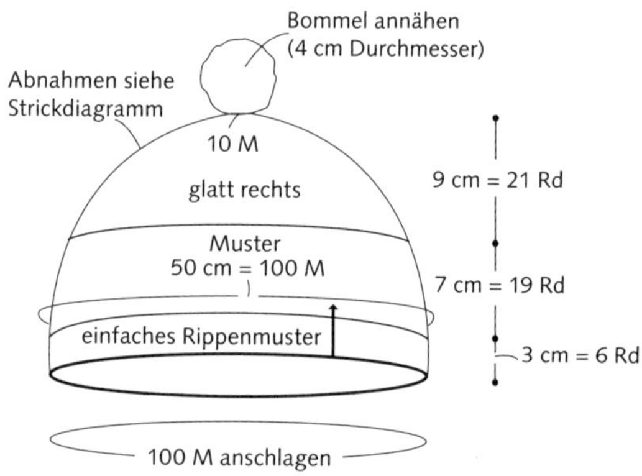

| 1 M re
— 1 M li
2 M re zusammenstricken
2 M nach re verkreuzen
2 M nach li verkreuzen
● = Position Druckknopf

Royal Hat

Kronenmütze – Nr. 47, Nr. 48 (S. 48/49)

Der Umschlag ist hier wie eine niedliche Krone gestaltet. An der Umschlagkante wird die Mütze gewendet und auf der Rückseite weitergestrickt.

Wolle: Puppy Princess Anny
Nr. 47, Farbe a: Senf (551), 25 g; Farbe b: Weiß (502), 30 g
Nr. 48, Farbe a: Blau (558), 25 g; Farbe b: Weiß (502), 30 g
Nadeln: Nadelspiel/Rundnadel Stärke 3,5
Zubehör: Maschenstopper, Wollnadel
Maschenprobe: 21 Muster-M = 10 cm, 19 Muster-R = 8 cm
21 M x 32 R glatt re = 10 x 10 cm
Maße: Kopfumfang 47,5 cm, Höhe 15,5 cm

Strickanleitung
Mit Farbe a im elastischen Maschenanschlag (siehe S. 52) 200 M anschlagen und zur Rd schließen. 19 Rd im Muster stricken, dabei die Abnahmen durchführen, wie im Strickdiagramm angegeben. Arbeit wenden, sodass die linke Seite außen liegt, und in Farbe b 30 Rd glatt re weiterstricken. (Das Loch, das dabei entsteht, am Schluss mit dem Faden von Farbe b vernähen.) Bis zur 49. Rd weiterstricken, dabei die Abnahmen nach dem Strickdiagramm durchführen. Den Faden durch die letzten 10 M führen und zuziehen.
Eine Bommel in Farbe a (4 cm Durchmesser) herstellen (siehe S. 54) und annähen.

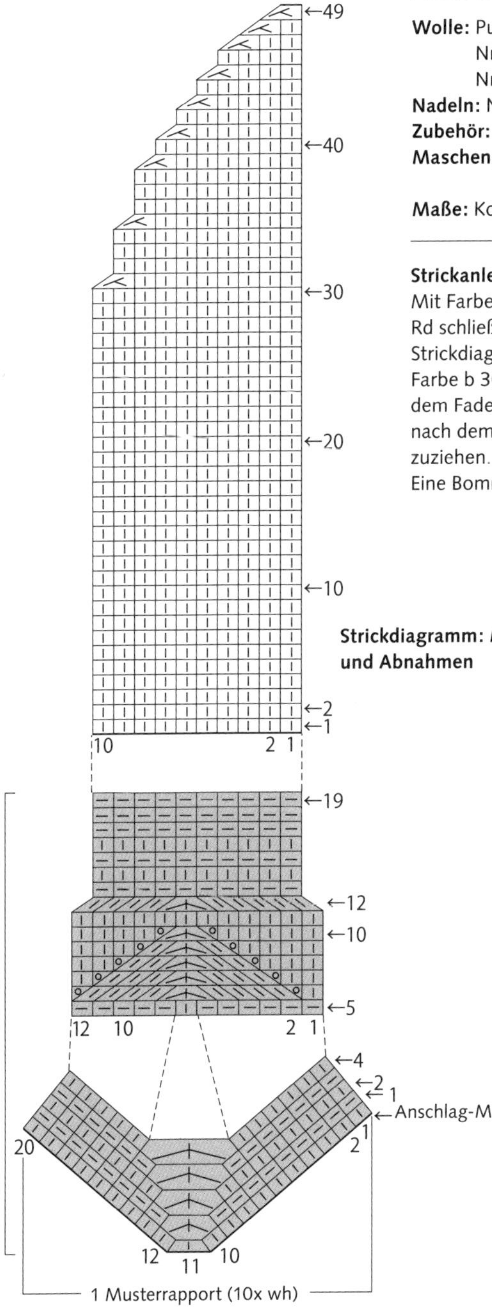

Strickdiagramm: Muster und Abnahmen

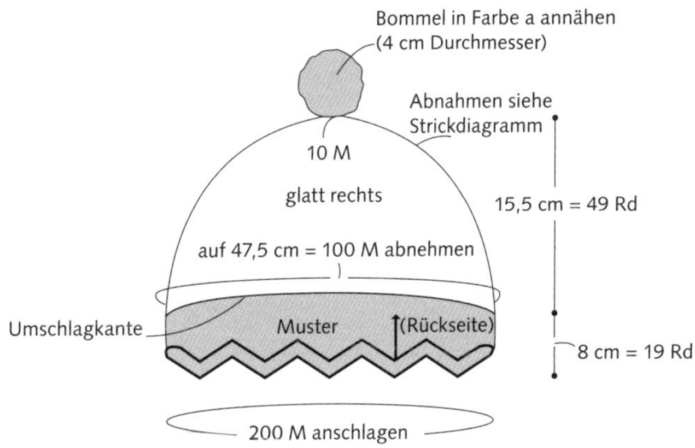

- 1 M re
- 1 M li
- 1 U
- 2 M re zusammenstricken
- doppelte überzogene Abnahme
- Farbe b
- Farbe a

✻ Für den Teil in glatt rechts die Arbeit wenden, sodass die linke Seite außen liegt.

Anleitungen: Legendensymbole

Wer weiß, wie es geht, hat mehr Spaß am Stricken!

Abkürzungen

M = Masche
li = links
re = rechts
R = Reihe
Rd = Runde
U = Umschlag

| 1 M re

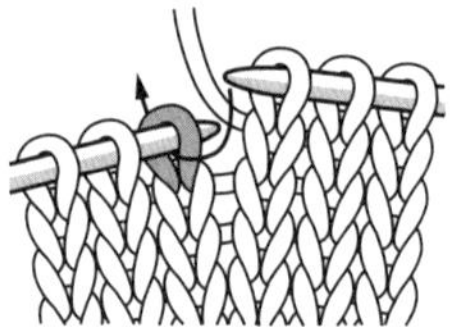

1 Den Faden hinter die Arbeit legen und mit der rechten Nadel in Pfeilrichtung in die M stechen.

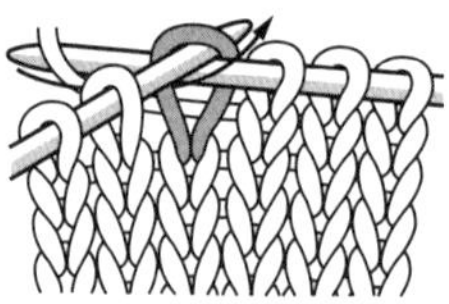

2 Den Faden um die rechte Nadel legen und nach vorn holen.

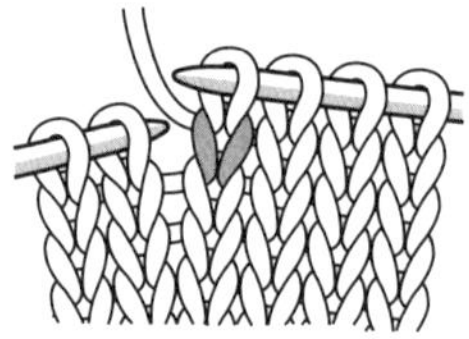

3 Die re M wird 1 R tiefer (unter der neuen M auf der Nadel) sichtbar.

— 1 M li

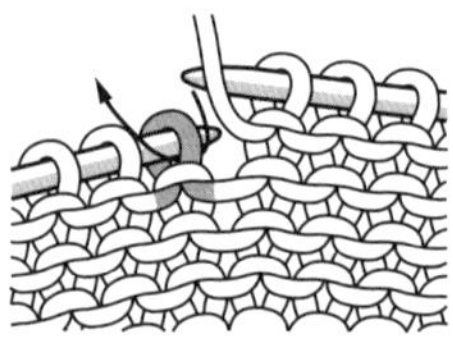

1 Den Faden vor die Arbeit legen und mit der rechten Nadel in Pfeilrichtung in die M stechen.

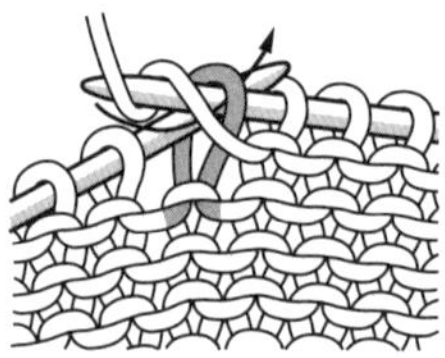

2 Den Faden um die rechte Nadel legen und von vorn nach hinten durch die M ziehen.

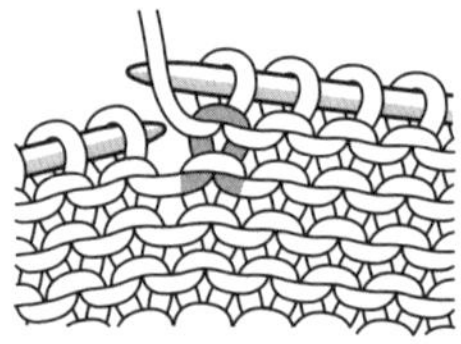

3 Die li M wird 1 R tiefer (unter der neuen M auf der Nadel) sichtbar.

Q 1 M re verschränken

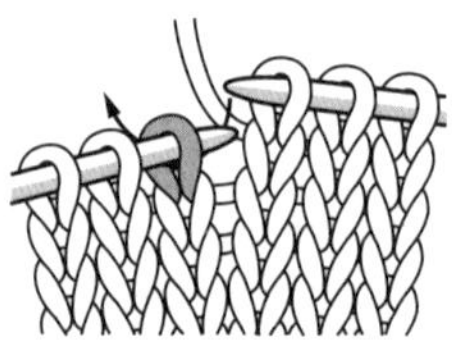

1 Mit der rechten Nadel in Pfeilrichtung in die M stechen.

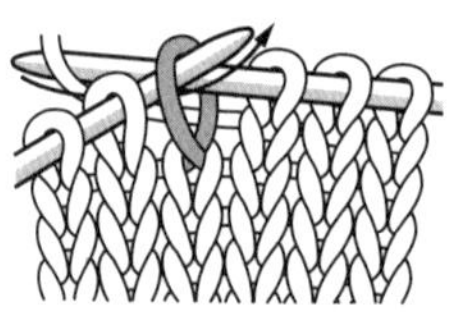

2 Die M re abstricken.

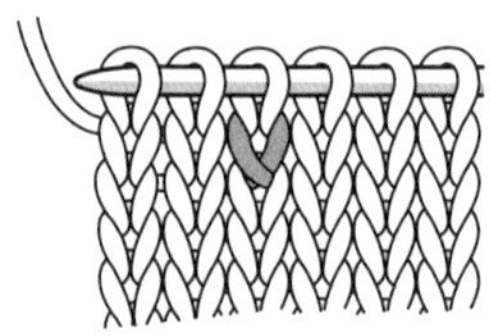

3 In der R darunter ist die abgestrickte M nun verschränkt.

O Umschlag

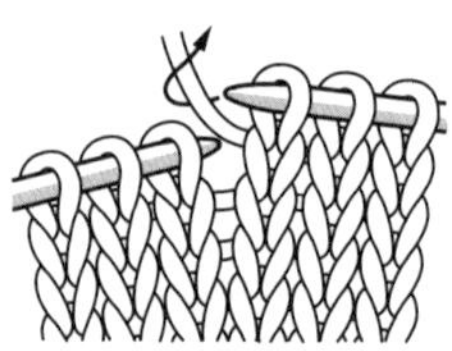

1 Mit der rechten Nadel von hinten unter den Faden gehen und diesen aufnehmen.

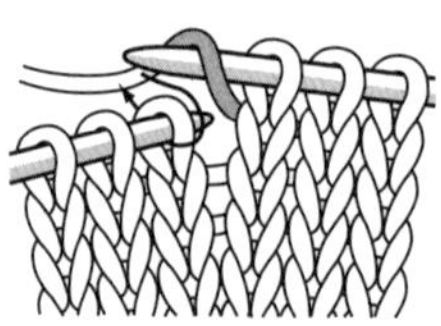

2 Die folgende M stricken, ohne den Faden wieder von der Nadel gleiten zu lassen.

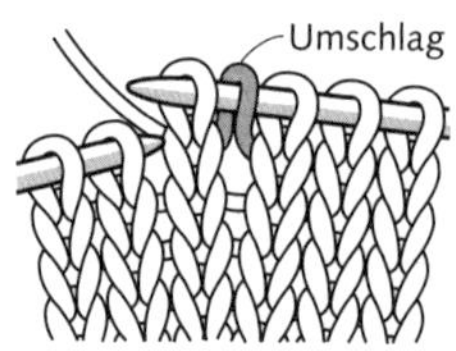

3 Zwischen den beiden abgestrickten M liegt nun ein Umschlag auf der rechten Nadel.

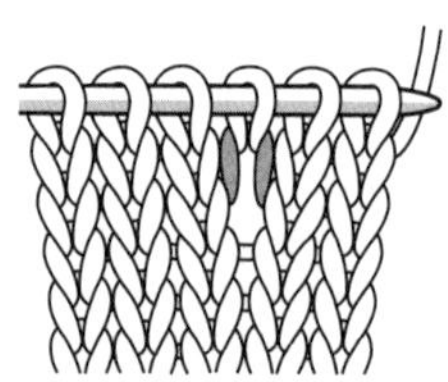

4 Beim Abstricken des Umschlags in der nächsten R entsteht ein Loch.

2 M re zusammenstricken

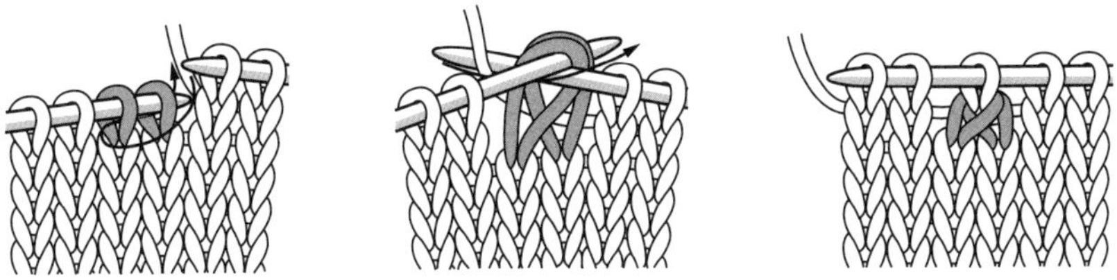

1 Mit der rechten Nadel von vorn durch 2 M gleichzeitig stechen.

2 Beide M zusammen re abstricken.

3 In der R darunter liegt nun die linke M über der rechten.

2 M überzogen re zusammenstricken

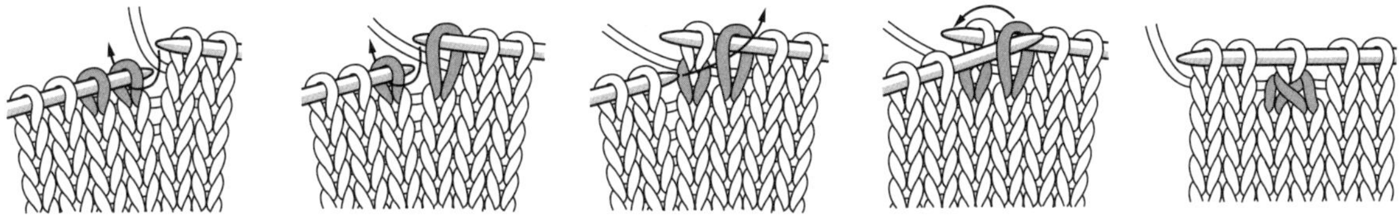

1 Mit der rechten Nadel von vorn in die erste M stechen und diese abheben, ohne sie abzustricken.

2 Die folgende M re abstricken.

3 Die linke Nadel in Pfeilrichtung in die abgehobene M stechen.

4 Die abgehobene über die gestrickte M ziehen.

5 In der R darunter liegt nun die rechte M über der linken.

2 M li zusammenstricken

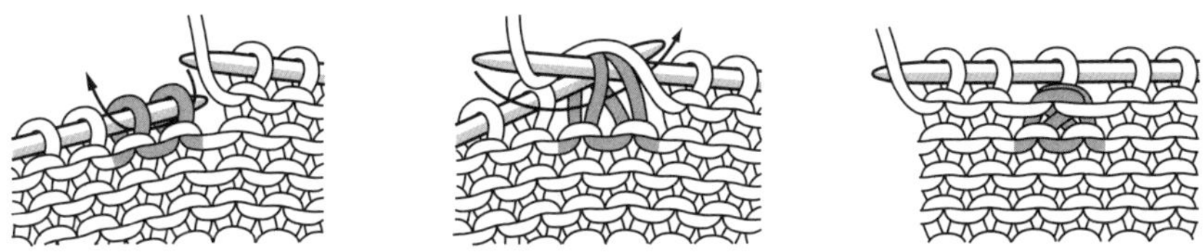

1 Mit der rechten Nadel von hinten durch 2 M gleichzeitig stechen.

2 Beide M zusammen li abstricken.

3 In der R darunter liegt nun die linke M über der rechten.

2 M verschränkt li zusammenstricken

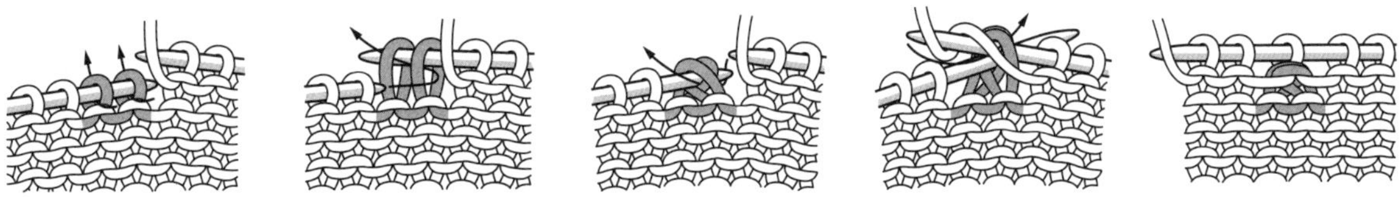

1 Mit der rechten Nadel in Pfeilrichtung in 2 M stechen und diese abheben, ohne sie abzustricken.

2 Mit der linken Nadel in Pfeilrichtung durch beide M stechen und wieder abheben. Die M liegen jetzt in umgekehrter Reihenfolge auf der linken Nadel.

3 Mit der rechten Nadel in Pfeilrichtung durch beide M stechen.

4 Li abstricken.

5 In der R darunter liegt nun die rechte M über der linken.

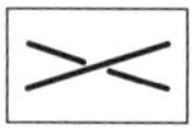

1 M nach re verkreuzen

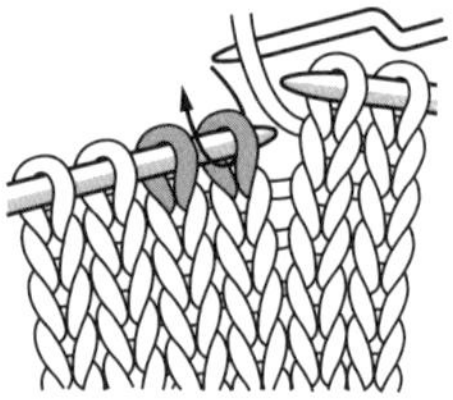

1 1 M auf eine Hilfsnadel hinter die Arbeit legen.

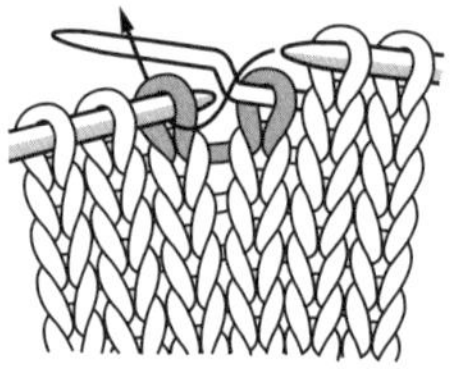

2 Die folgende M re abstricken.

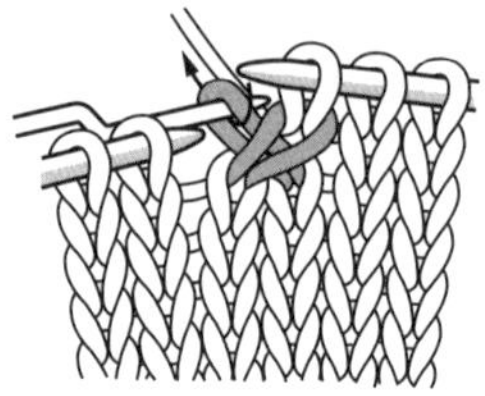

3 Die M von der Hilfsnadel re abstricken.

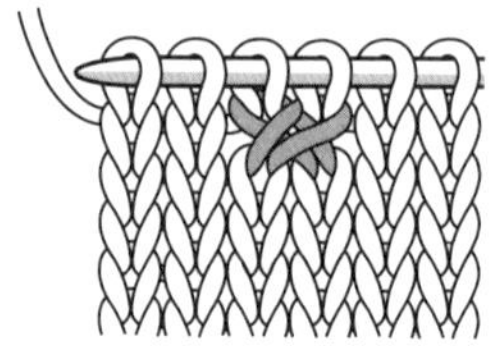

4 In der R darunter kreuzt die erste M nun die zweite.

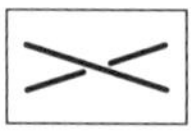

1 M nach li verkreuzen

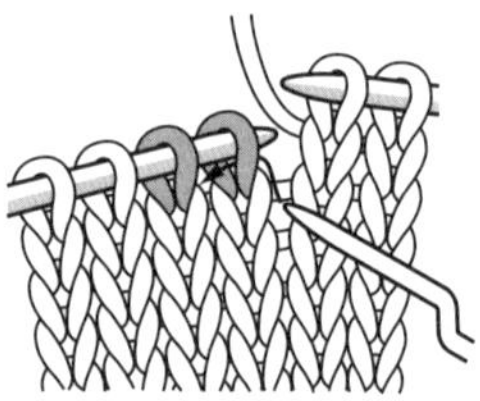

1 Mit einer Hilfsnadel von hinten in die M einstechen und die M vor die Arbeit legen.

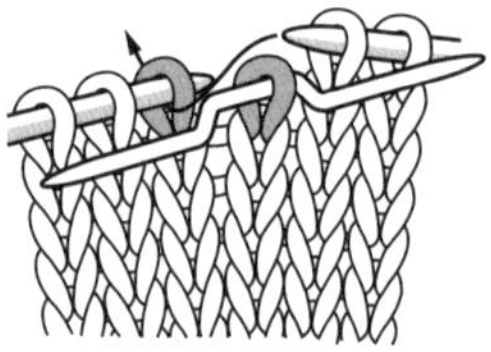

2 Die folgende M re abstricken.

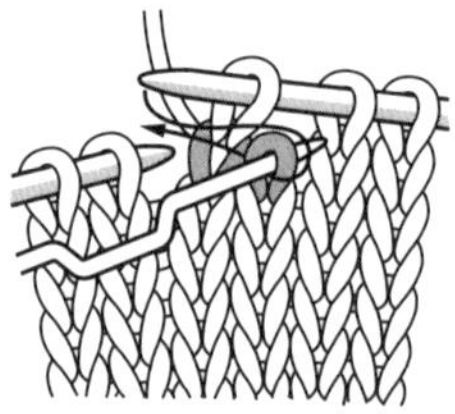

3 Die M von der Hilfsnadel re abstricken.

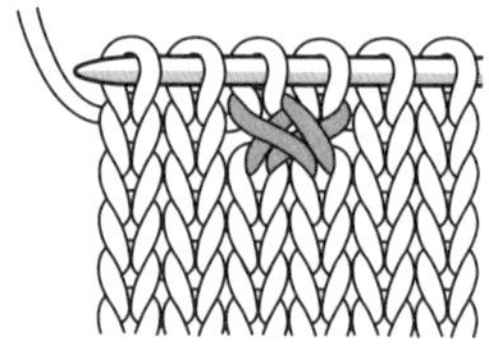

4 In der R darunter kreuzt die zweite M nun die erste.

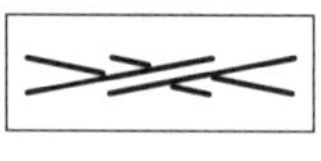

2 M nach re verkreuzen

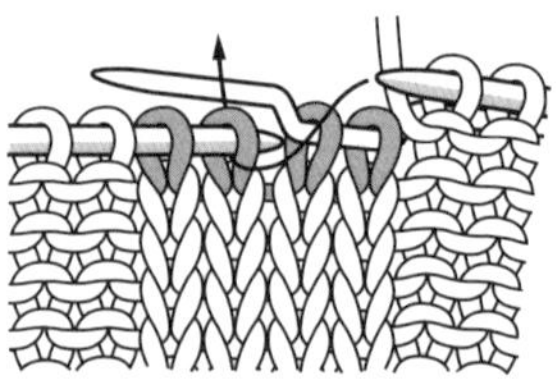

1 Die erste und zweite M auf eine Hilfsnadel schieben und hinter die Arbeit legen. Die dritte und vierte M abstricken.

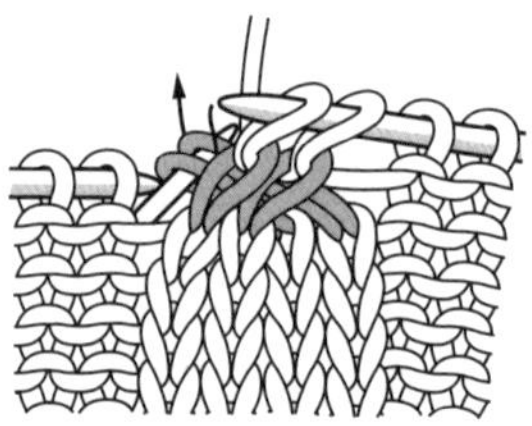

2 Die erste und zweite M von der Hilfsnadel re abstricken.

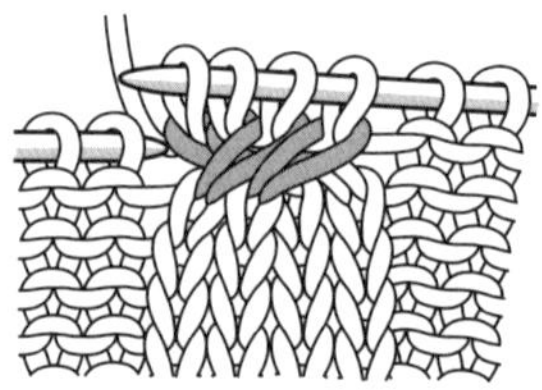

3 In der R darunter kreuzen die ersten beiden M nun die M 3 und 4.

Langmaschen (mit Dreifachwicklung)

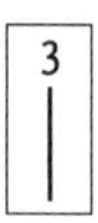

Hinweis: Diese Technik funktioniert ebenso mit Zweifachwicklung.

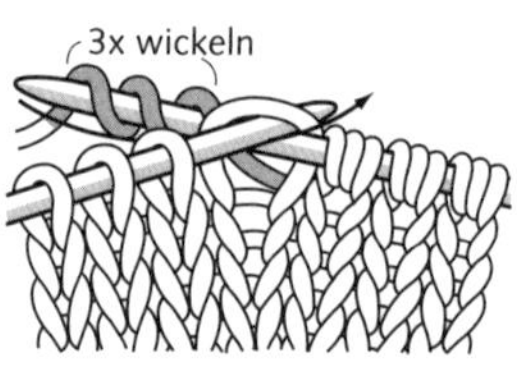

1 Die Nadel wie zum Rechtsstricken in die M stechen, den Faden dreimal um die Nadel wickeln und durchziehen.

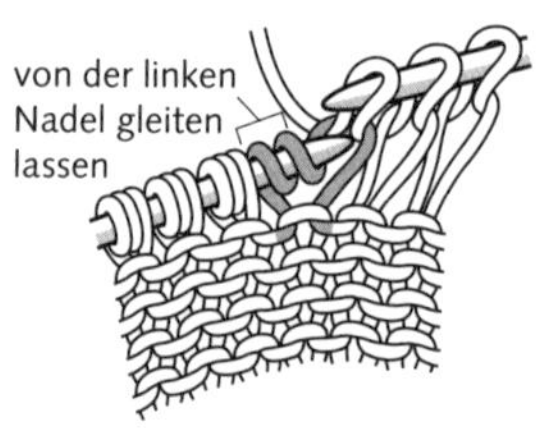

2 In der folgenden R die Wicklungen beim Abstricken von der Nadel gleiten lassen. Dabei entstehen lange Maschen.

Doppelte überzogene Abnahme

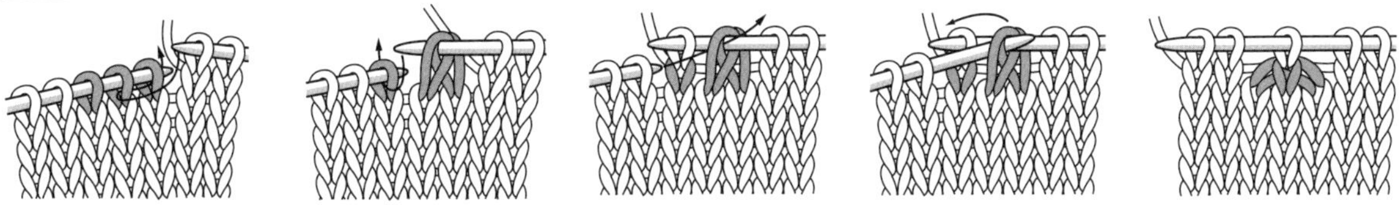

1 Rechte Nadel in Pfeilrichtung durch 2 M stechen und zusammen abheben.

2 Die folgende M re abstricken.

3 Die linke Nadel durch die abgehobenen M stechen.

4 Die beiden abgehobenen M zusammen über die gestrickte M ziehen.

5 In der R darunter liegt nun die mittlere M obenauf.

3 M überzogen zusammenstricken

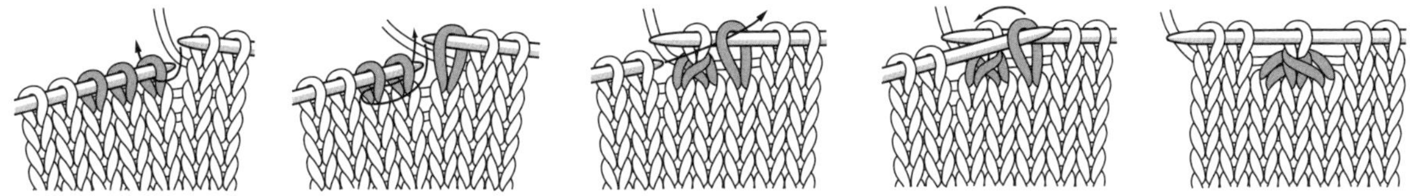

1 Die erste M auf die rechte Nadel heben, ohne sie abzustricken.

2 Die folgenden beiden M re zusammenstricken.

3 Die linke Nadel in die abgehobene M stechen.

4 Die abgehobene über die gestrickte M ziehen.

5 In der R darunter liegt nun die rechte M obenauf.

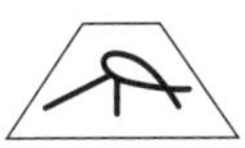

3 M verschränkt re zusammenstricken

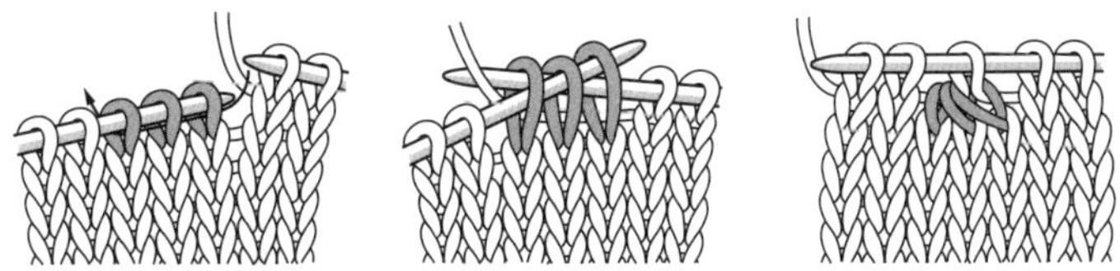

1 Die rechte Nadel in Pfeilrichtung durch 3 M gleichzeitig stechen.

2 Die M re zusammenstricken.

3 In der R darunter liegt nun die rechte M obenauf und die 3 M sind verschränkt.

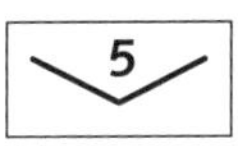

5 M aus 1 M re herausstricken

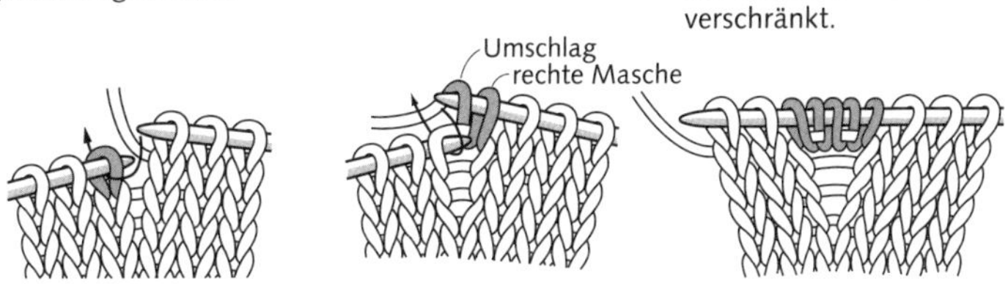

3 M aus 1 M re herausstricken: Nehmen Sie nur 1 Umschlag auf und stricken nur einmal erneut dieselbe Masche.

1 1 M re stricken.

2 Ohne die M von der linken Nadel gleiten zu lassen, 1 Umschlag aufnehmen, erneut dieselbe M re stricken, wieder 1 Umschlag aufnehmen und noch einmal re stricken.

3 Aus 1 M wurden so 5 M herausgestrickt.

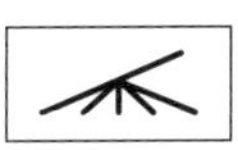

5 M re zusammenstricken

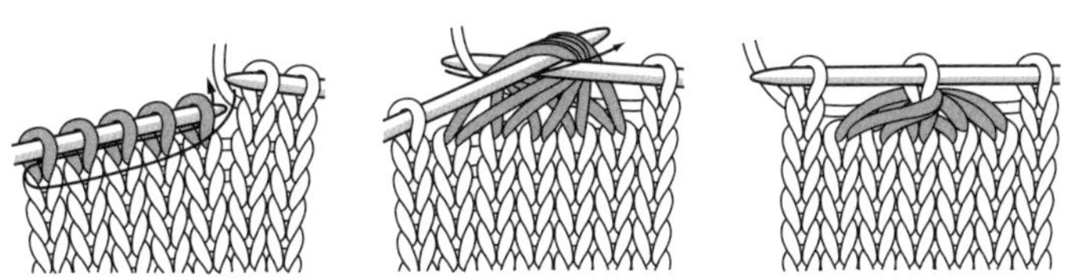

1 Mit der rechten Nadel in Pfeilrichtung durch 5 M gleichzeitig stechen.

2 Die M re zusammenstricken.

3 In der R darunter liegt nun die li M obenauf.

⋂ M mit U abheben

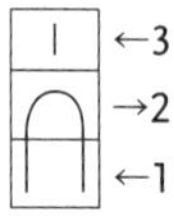

Hinweis: Hier in Reihen gezeigt, funktioniert diese Technik ebenso in Runden.

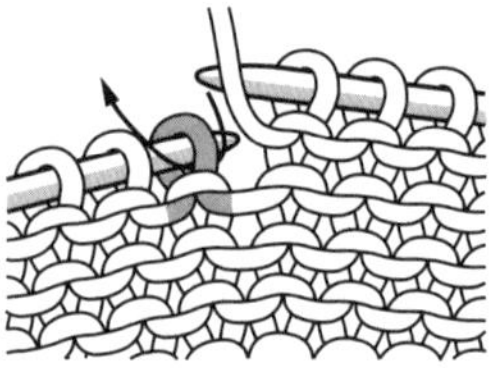

1 In der 2. Reihe auf der Rückseite beginnen: Faden vor die Arbeit legen und die nächste Masche auf die rechte Nadel schieben, ohne sie abzustricken (1 M li abheben).

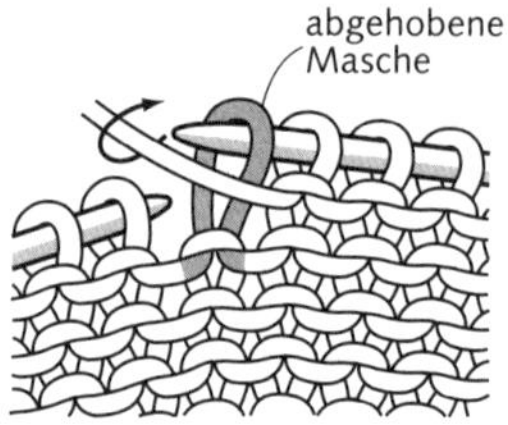

2 Den Faden um die rechte Nadel legen (1 U).

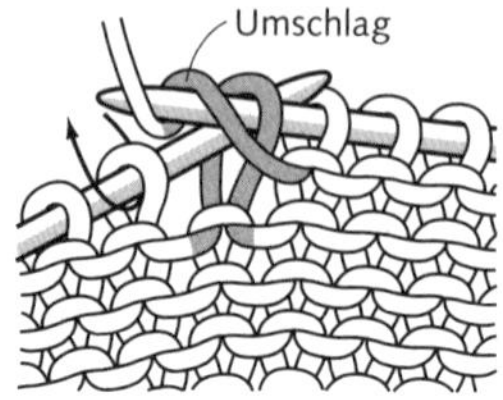

3 Ab der nächsten M normal weiterstricken.

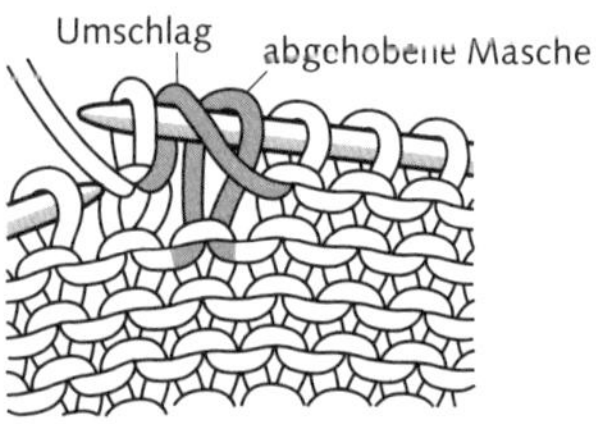

4 So sieht die Arbeit auf der Rückseite mit abgehobener M und U aus.

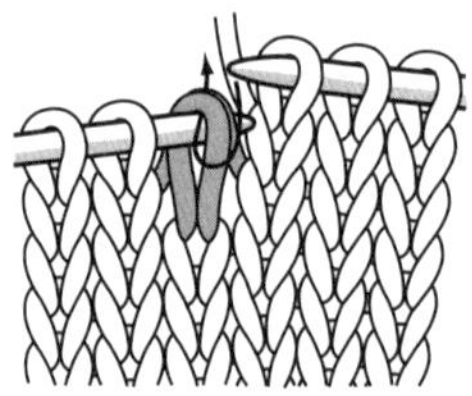

5 In der 3. R (Hin-R) die abgehobene M der Vor-R mit dem U zusammenstricken.

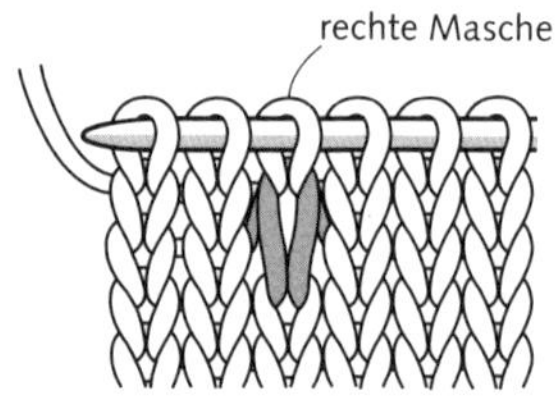

6 Abgehobene M und U nach dem Zusammenstricken.

M mit U li abheben

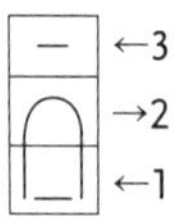

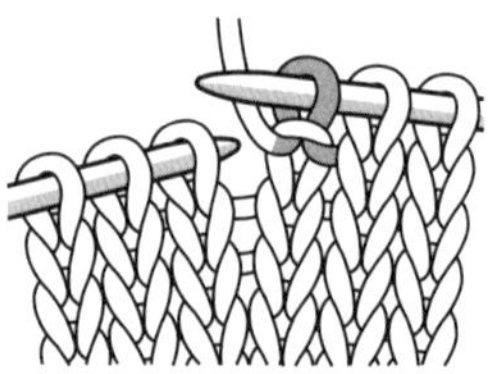

1 In der 1. R (Hin-R) 1 M li stricken.

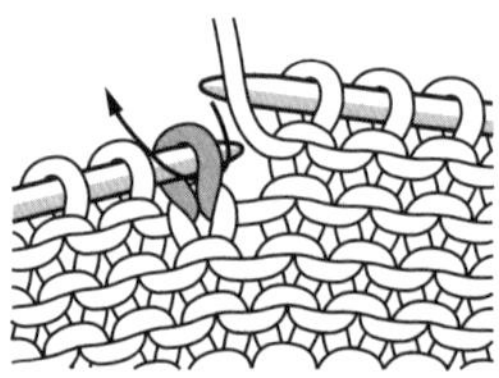

2 In der 2. R (Rück-R) wie zum Linksstricken in diese M einstechen und sie auf die rechte Nadel schieben, ohne sie abzustricken (1 M li abheben).

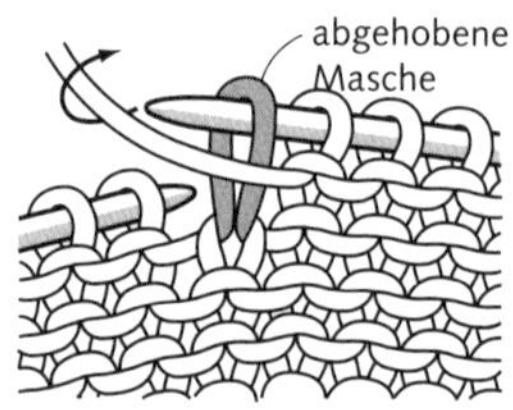

3 1 U auf die Nadel legen.

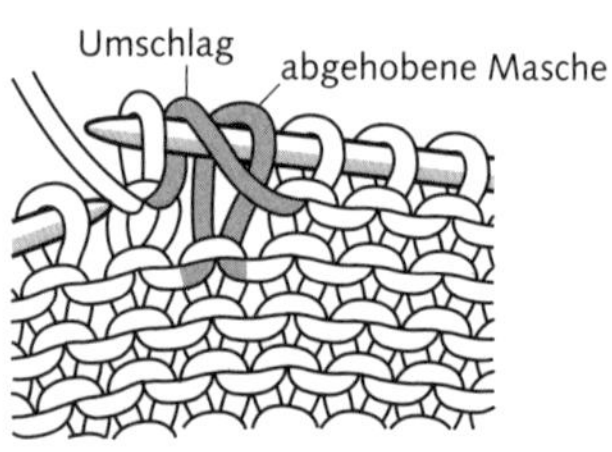

4 Ab der nächsten M normal weiterstricken.

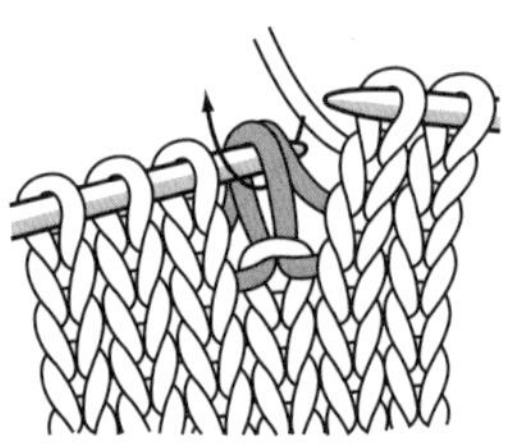

5 In der 3. R (Hin-R) die abgehobene M der Vor-R mit dem U li zusammenstricken.

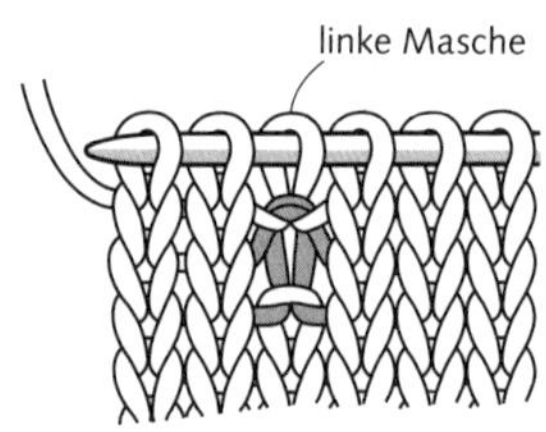

6 Abgehobene M und U nach dem Zusammenstricken.

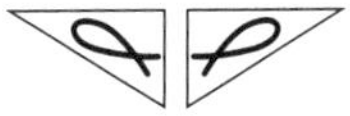

1 M re verschränkt zunehmen (Zunahme aus dem Querfaden)

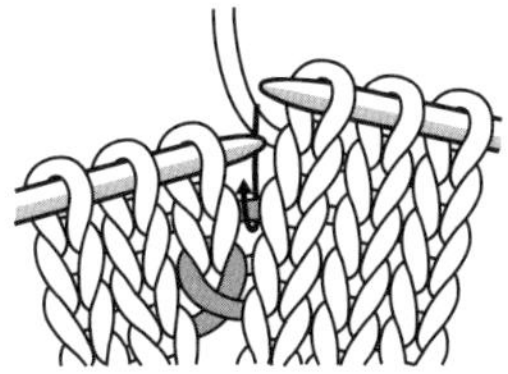

1 An der gewünschten Zunahmestelle mit der rechten Nadel in Pfeilrichtung durch den Faden zwischen den beiden M der Vor-R stechen.

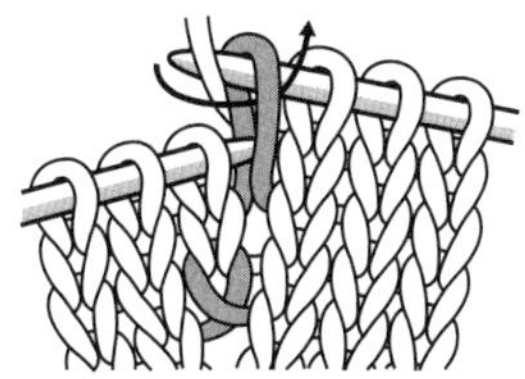

2 Den Faden mit der rechten Nadel holen und den aufgenommenen Faden abstricken.

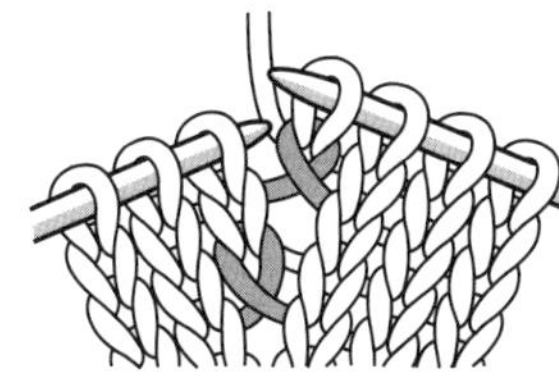

3 Der aufgenommene Faden ist nun verdreht und es liegt 1 M mehr auf der Nadel.

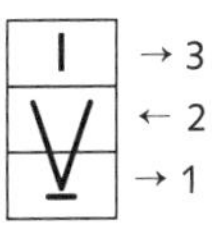

1 M li abheben

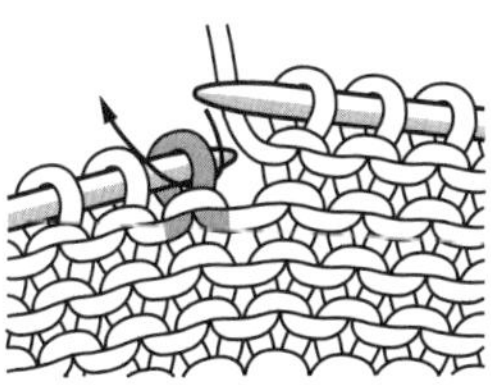

1 In der 1. Rd die M links stricken, in der 2. Rd den Faden hinter die Arbeit legen, mit der rechten Nadel von hinten in die M stechen und diese auf die Nadel nehmen, ohne sie abzustricken.

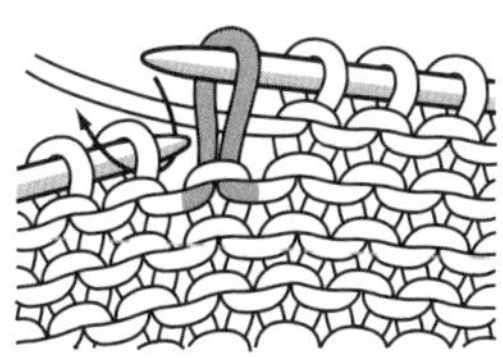

2 Ab der nächsten M wieder glatt li stricken (bzw. wie im Strickdiagramm angegeben).

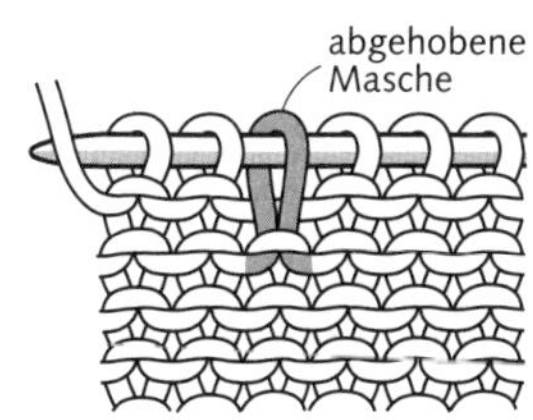

3 Die M aus der Rd darunter liegt nun auf der rechten Nadel, der Faden läuft hinter der Arbeit mit.

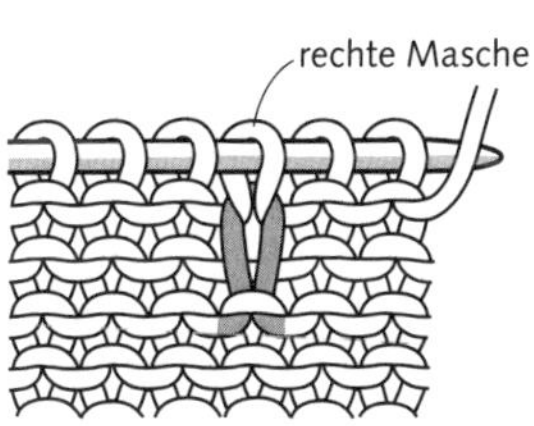

4 In der 3. Runde die abgehobene M rechts abstricken.

Alternative Garne

Originalgarn	Nadelstärke (mm)	Schoeller & Stahl/ Austermann	Schachenmayr	Lana Grossa
Puppy British Eroika	4,5–5,0	Almeria Tweed	Merino Extrafine 85 Wool 85	Merino Uno
Puppy Multico	4,5–5,0	Ambra Color	Merino Extrafine 85	Bingo Print / Print II Bingo Funky Print
Puppy Shetland	3,5–4,2	Landhauswolle Zimba Fix	Wool 125	Cool Wool Big
Puppy Princess Anny	3,5–4,2	Landhauswolle Zimba Fix Merino 160 EXP	Wool 125	
Puppy Lecce	3,0–4,0	Caleido Lace	Merino Extrafine Color 120	Cool Wool Big Print
Olympus Make Make	3,5–4,0	Baby Mix Color Zimba Fix Color Caleido Lace	Color Ombre	
Olympus Make Make Tomato	3,5–4,0	Baby Mix Color Zimba Fix Color Caleido Lace	Color Ombre	
Olympus Tree House Palace	4,0–4,5	Ambra Melange Biola		
Olympus Tree House Berries	4,0–5,0	Ambra Melange Biola		
Daruma Geek	5,5–6,0	Adina		LaLa Berlin Fluffy Seventyfive Slow Wool Canapa
Daruma Shetland Wool	3,5–4,5		Soft Shimmer	
Ski Tasmanian	3,0–4,0	Fortissima 6ply	Merino Extrafine 120	Cool Wool
Yanagiyarn Koi Suru Keito Sport	3,0–3,5	Merino 160	Merino Extrafine 170	
Yanagiyarn Bloom	4,0–5,0	Tweed Biola Merino 105 EXP	Alpaca Classico Wool 125	Cool Wool Alpaka

Für die Hilfe beim Anfertigen der Modelle in diesem Buch danke ich von Herzen Asano Ayu, Uehara Noriko, Uchida Kyoko, Okada Kyoko, Komuro Hiroko, Goto Keiko, Itagaki Yoko, Takahashi Chiho, Tsukada Yukiko, Futohashi Fumiko, Masuda Yasuko, Yanagi Miyuki.

Bernd Kestler

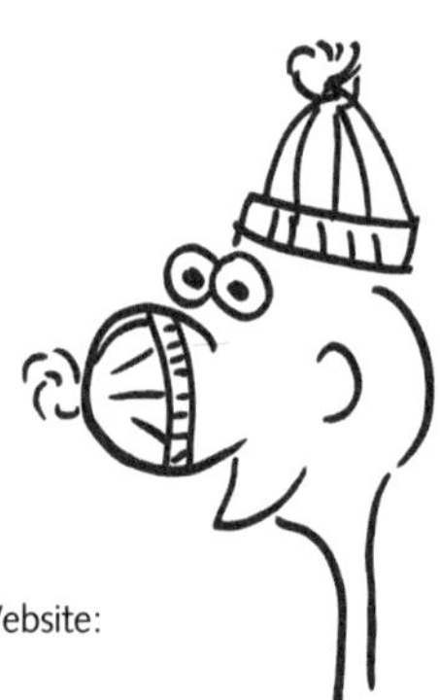

● Bernd Kestlers offizielle Website:
http://berndkestler.com

BERND KESTLER'S KNIT CAPS by Bernd Kestler

Original Japanese edition published by SEKAI BUNKA PUBLISHING INC.

MITWIRKENDE DER JAPANISCHEN ORIGINALAUSGABE
Fotos: Ryan Smith
Redaktionsassistenz: Motoko Souma
Buchdesign: Tomoko Nawata (L'espace)
Abbildungen und Illustrationen: Mitsuro Ijima, Rika Tanaka
Styling: Yoko Ikemizu
Haare & Make-up: Yuko Umezawa
Models: Hanna Kelk, Shane Makoto, Mayuri Ogino, Takumi Inoue
Redaktion: Sohbi Iida

This German edition is published by arrangement with SEKAI BUNKA PUBLISHING INC., Tokyo in care of Tuttle-Mori Agency, Inc., Tokio

Aus dem Japanischen von der MCS Schabert GmbH, München, www.mcs-schabert.de, unter Mitarbeit von Susanne Schmidt-Wussow (Übersetzung).

Bibliografische Information der Deutschen Nationalbibliothek
Die Deutsche Nationalbibliothek verzeichnet diese Publikation in der Deutschen Nationalbibliografie; detaillierte bibliografische Daten sind im Internet über http://dnb.d-nb.de abrufbar.

2., durchgesehene Nachauflage 2021

Printed in the EU

www.stiebner.com

ISBN: 978-3-8307-2093-5

Wir produzieren unsere Bücher mit großer Sorgfalt und Genauigkeit. Trotzdem lässt es sich nicht ausschließen, dass uns in Einzelfällen Fehler passieren. Unter www.stiebner.com/errata/2093-5.html finden Sie eventuelle Hinweise und Korrekturen zu diesem Titel. Möglicherweise sind die Korrekturen in Ihrer Ausgabe bereits ausgeführt, da wir vor jeder neuen Auflage bekannte Fehler korrigieren. Sollten Sie in diesem Buch einen Fehler finden, so bitten wir um einen Hinweis an verlag@stiebner.com. Für solche Hinweise sind wir sehr dankbar, denn sie helfen uns, unsere Bücher zu verbessern.